MULTIMÍDIA DIGITAL NA ESCOLA

Elenice Larroza Andersen (org.)

MULTIMÍDIA DIGITAL NA ESCOLA

Paulinas

Dados Internacionais de Catalogação na Publicação (CIP)
(Câmara Brasileira do Livro, SP, Brasil)

Multimídia digital na escola / Elenice Larroza Andersen [(org.)]. – 1. ed. – São Paulo : Paulinas, 2013. – (Coleção mundo digital)

Vários autores.
ISBN 978-85-356-3640-6

1. Computadores na educação 2. Educação - Multimídia interativa 3. Informática 4. Inovações educacionais 5. Internet (Rede de computadores) na educação 6. Redes de computadores I. Andersen, Elenice Larroza. II. Série.

13-10256 CDD-371.334

Índice para catálogo sistemático:

1. Multimídia digital : Aplicação na aprendizagem : Educação 371.334

Direção-geral: *Bernadete Boff*
Editora responsável: *Luzia M. de Oliveira Sena*
Copidesque: Mônica *Elaine G. S. da Costa*
Coordenação de revisão: *Marina Mendonça*
Revisão: *Ruth Mitzuie Kluska*
Gerente de produção: *Felício Calegaro Neto*
Projeto gráfico: *Manuel Rebelato Miramontes*
Imagem de capa: © *Scanrail - Fotolia.com*

1ª edição – 2013

Paulinas

Rua Dona Inácia Uchoa, 62
04110-020 – São Paulo – SP (Brasil)
Tel.: (11) 2125-3500
http://www.paulinas.org.br – editora@paulinas.com.br
Telemarketing e SAC: 0800-7010081

SUMÁRIO

APRESENTAÇÃO

Multimídia digital na escola anuncia em seu título o conteúdo desenvolvido e o destino previsto neste livro, trazendo a junção tecnologia de ensino, índices de atualidade e relevância. Estão esses índices na tecnologia por ser um caminho que contribui para a ampliação e o aprofundamento do conhecimento e que promove a convergência dos campos, conferindo-lhes novos recortes, novas dimensões e novas interações. Estão também no ensino, considerando os problemas reconhecidamente aí presentes e a busca de soluções em movimentos intensos, especialmente os relacionados à condição de compreensão de textos.

Assumindo uma perspectiva científico-pedagógica, o livro está organizado em três partes – fundamentos da multimídia digital na escola, experiências práticas nesse âmbito e avaliação dessa produção na escola.

Os fundamentos fazem a abertura e dão sustentação às partes posteriores em capítulo escrito por Elenice Maria Larroza Andersen: *O uso de multimídia digital no ensino. Por quê? Para quê?* Nele, a autora examina a importância das tecnologias no ensino e propõe estratégias para a elaboração de projetos de ensino apoiados em tecnologias de produção multimídia.

Após esse texto inicial, na segunda parte, em *Do roteiro à animação: experiências com o uso de software livre*, os autores Fabiana Giovani e Eduardo Felisberto de Souza Pinto relatam uma experiência didática em turma de 9º ano do Ensino Fundamental, baseada na Semiótica, utilizando um software livre para animação vetorial – STYKZ, que envolveu a construção de roteiros. Em sequência, no capítulo *O desenvolvimento do implícito em propagandas televisivas: uma proposta de produção do gênero em softwares livres*, Aline Lorandi e Fernanda Luiz Saggiomo apresentam uma síntese de um projeto de ensino, utilizando propaganda televisiva e o software Windows Movie Maker, com o objetivo de verificar seu impacto no desenvolvimento de habilidades relativas ao uso de implícitos por alunos de 1º ano do Ensino Médio de uma escola pública. Na continuidade, Elenice Maria Larroza Andersen e Maicon Fernandes Vaz de Souza, no capítulo *A produção de minidocumentários na escola: desenvolvendo a competência comunicativa*, apresentam uma possibilidade de uso produtivo de tecnologias da informação e comunicação no ensino da Língua Portuguesa, explorando especificamente estratégias de ensino-aprendizagem baseadas na utilização do software Vídeo Spin, para a criação de minidocumentários. No capítulo seguinte, *Vlogando em sala de aula: relato de um trabalho com discursos narrativos através de tecnologias multimídia*, Silvana Silva e Alana Espinosa Corrêa Nunes relatam trabalho em sala de aula com os discursos narrativos (discurso direto, indireto e indireto livre), a partir do uso do software Kdenlive para a produção do gênero multimidiático conhecido como VLOG. No penúltimo capítulo desta parte, *A produção de fotolivros digitais como texto memorialístico e a experiência de compreensão do presente e do pretérito*, Elenice Maria Larroza Andersen e Fabiana Soares da Silva expõem uma pesquisa que teve por objetivo verificar o impacto dos softwares Diji álbum e Ncesoft Flip Book Maker na compreensão e expressão do presente e do pretérito em diferentes linguagens de alunos do 2º ano do Ensino Médio de uma escola pública. No último capítulo da segunda parte, *Ensino da compreensão leitora com materiais virtuais: alunos, pesquisador júnior e acadêmicos em interação*, Vera Wannmacher Pereira e Jonas Rodrigues Saraiva realizam um estudo que envolve a produção e a geração de materiais de ensino da leitura informatizadas pelo MXFlash e a investigação dos resultados decorrentes de sua aplicação.

Na terceira parte do livro, o capítulo *Como avaliar softwares para a produção multimídia na sala de aula?*, de Elenice Maria Larroza Andersen, oferece propostas de critérios para a avaliação da usabilidade dos programas de produção e edição multimídia, para auxiliar o professor na seleção dos softwares mais adequados às práticas de produção multimídia em sala de aula. Fechando esta parte, com o capítulo *Avaliando as produções multimidiáticas dos alunos*, a autora Carolina Fernandes propõe alguns elementos que devem ser considerados na construção dos dispositivos de avaliação de qualquer produção multimidiática na escola.

A leitura atenta dos capítulos permite perceber que o tema é tratado na desejável perspectiva de interfaces, sendo esse o necessário caminho contemporâneo após longo tempo de segmentação e fragmentação. Vê-se a preocupação dos autores em associar a Educação, a Linguística, a Semiótica, a Comunicação, colocando a tecnologia no trabalho pedagógico escolar, de modo a desenvolver, em suas diversas dimensões, as competências de compreensão e produção dos alunos.

O acompanhamento de cada capítulo permite ao leitor perceber o empreendimento dos autores em integrar universidade e escola, teoria e prática, pesquisa e ensino, ciência e tecnologia, mostrando que isso é necessário e possível.

Assim organizado, este livro consiste num forte aceno dos responsáveis por sua construção para seus respectivos pares: Venham todos, professores, alunos, de todos os espaços de aprender e ensinar, das universidades, das escolas! De todas as preferências teóricas e tipos de saberes! Acreditem: associar, juntar, reunir, incluir são tarefas de todos nós!

Vera Wannmacher Pereira

Parte 1

Fundamentos para a multimídia digital na escola

O USO DE MULTIMÍDIA DIGITAL NO ENSINO. POR QUÊ? PARA QUÊ?

ELENICE MARIA LARROZA ANDERSEN*

Contextualizando a reflexão

Já é truísmo afirmar que uma educação de qualidade requer o uso de tecnologias da informação e da comunicação no processo de ensino-aprendizagem, como parte do que se convencionou chamar de inclusão digital. Entretanto, a legitimidade dos argumentos para esse uso na escola nem sempre é tão clara e convincente. A despeito de todo avanço tecnológico, ainda existem desconfiança e resistência quando se arrolam argumentos em defesa da tecnologia na sala de aula. Essa resistência, muitas vezes, se deve ao excesso de espetaculosidade em torno do tema, em oposição à

* Doutora em Linguística. Professora adjunta da Universidade Federal do Pampa. Tutora do Programa de Educação Tutorial do Ministério da Educação (PET/MEC).

realidade. Assim, uma reflexão mais crítica sobre tais argumentos, adequada à realidade, se faz necessária. Neste texto, procuro colaborar para essa reflexão e defendo que discutir acerca da necessidade das tecnologias no ensino envolve, primeiramente, uma compreensão mais ampla sobre desenvolvimento social.

O desenvolvimento social de um país se dá pela atenuação das relações de poder e de dominação que determinam as relações de participação/exclusão nas sociedades. Historicamente, o domínio de conhecimentos e de competências que regulam a sociedade distingue os que têm acesso ao poder dos que dessa participação são excluídos.

Na sociedade contemporânea, percebemos um processo de inclusão baseado no acesso a e na compreensão da informação disponibilizada pelos meios de comunicação de massa e pela internet. Aqueles que ficam privados desse acesso, sobretudo os jovens, tendem a sofrer barreiras nas práticas sociais, que afetam sensivelmente suas vidas.

Assim, com o advento das tecnologias da informação e da comunicação, novos saberes e competências concorrem para que a inclusão social e o acesso à cultura seja uma realidade para todos. Em se tratando especificamente da internet, presenciamos, atualmente, uma revolução nas práticas culturais que têm agravado as desigualdades entre aqueles que dominam e os que não dominam os recursos da rede. Reinventa-se, assim, o modelo de sociedade arraigado nas relações de participação/exclusão, que agora passa a se associar ao domínio das novas tecnologias. E, lamentavelmente, essas desigualdades fazem-se mais nítidas em regiões já marcadas pela estagnação econômica e sociocultural e com baixo índice de desenvolvimento regional, onde se instaura um verdadeiro abismo de diferenças com relação às regiões mais desenvolvidas.

Se reconhecemos o impacto das novas tecnologias da informação e da comunicação no desenvolvimento social e cultural, entendemos o papel fundamental da escola em contribuir para a superação das desigualdades. É, sem dúvida, um grande desafio que se apresenta a essa instituição, desafio esse que depende de uma boa formação, de capacitação e de aperfeiçoamento dos professores. Nesse sentido, o objetivo principal deste capítulo introdutório é o de colaborar com os professores, estimulando uma reflexão sobre o uso adequado e criterioso das novas tecnologias para promover a inclusão digital em sua escola e, por conseguinte, auxiliar na inclusão social de seus alunos. Para tanto, este capítulo se organiza da seguinte forma: a próxima seção aprofundará a discussão sobre a importância das tecnologias da informação e da comunicação no ensino para o desenvolvimento social de um país; a seção seguinte direciona a reflexão para o tema deste livro, que é a necessidade de uso de multimídia digital na escola; e, para encerrar, na última seção, apresento propostas de estratégias para a elaboração de projetos de ensino apoiados em tecnologias de produção multimídia.

Da necessidade de uso de tecnologias da informação e da comunicação no ensino para o desenvolvimento social

Como mencionado, na sociedade do século XXI, considera-se o uso das tecnologias da informação e da comunicação como uma necessidade sociocultural. Em se tratando da rede telemática internet – o meio de comunicação que permite a transmissão de dados e interações simultâneas a distância, a baixos custos –, ela veio efetivamente revolucionar as práticas culturais (BELLONI; GOMES, 2008). Por essa razão, embora, como afirma Selwyn (2008), o uso dessas novas tecnologias não seja um pré-requisito para sobreviver nesta sociedade, esse uso é um elemento integral para prosperar na sociedade deste século.

Nesse sentido, fundamenta-se o esforço de governos de diversos países, entre os quais o Brasil, em promover diversas ações que visam à democratização do acesso a essas tecnologias. A inclusão digital tem sido apontada como um dos princípios para a superação das desigualdades sociais e, dessa forma, para o desenvolvimento de um país. Em países como o Brasil, em que as desigualdades sociais são uma marca, a inclusão digital ganha maiores proporções. Por esse motivo, a inclusão digital tem sido pauta obrigatória no cenário político nacional, repercutindo em uma série de projetos e programas nas agendas sociais no Brasil, que objetivam minorar a exclusão digital gerada, entre outros aspectos, pela distribuição desigual do acesso às redes de comunicação interativa mediadas por computadores conectados à internet. São exemplos desses programas o Plano Nacional de Banda Larga, que até 2014 prevê levar banda larga de pelo menos 1 Mbps a todos os municípios brasileiros por preços acessíveis para as populações de baixa renda; e o Programa Um Computador Por Aluno (PROUCA), que pretende promover a inclusão digital nas escolas das redes públicas de ensino, mediante a aquisição de computadores portáteis novos.

A inclusão digital, como parte de um projeto maior de desenvolvimento de um país pela proposta de uma sociedade inclusiva, é, nas palavras de Selwyn (2008), uma necessidade que se aplica melhor à educação e ao aprendizado do que a qualquer outra área. De acordo com Selwyn (2008), o uso de tecnologias para aprimorar os resultados educacionais e promover a inclusão social na educação toma duas formas principais: a de usar as tecnologias para promover a inclusão social em termos de oportunidades e resultados educacionais e a de valer-se da educação para garantir a inclusão social em termos de oportunidades e resultados tecnológicos.

No que se refere ao uso das tecnologias para promover a inclusão social em termos de oportunidades e resultados educacionais, o autor afirma que as TICs foram promovidas como meios particularmente apropriados para que os cidadãos desempenhem papéis ativos na melhoria das perspectivas educacionais. Sobre o uso da educação para garantir a inclusão social em termos de oportunidades e resultados tecnológicos, as instituições educacionais propiciam o acesso às TICs, considerando que a formação em competências e perícias tecnológicas fornece aos indivíduos as capacidades informacionais necessárias para tirar o melhor proveito das TICs.

Em um ou em outro caso, o fato é que, com o avanço de novas tecnologias, em consonância com as transformações por que passam as sociedades atuais, emergem políticas que impactam o sistema educacional e que criam uma expectativa crescente de melhoria da qualidade do ensino para o progresso e de desenvolvimento socioeconômico de um país. Entende-se que mudanças na organização econômica mundial, no acesso ao mercado de trabalho e na cultura universalizada requerem transformações nos sistemas educacionais para que os países possam se desenvolver.

A incorporação dos recursos tecnológicos ao ensino apresenta-se, assim, como estratégia para elevar a qualidade do ensino e para democratizar a educação. As inovações tecnológicas têm sido incorporadas ao processo educacional ao longo dos anos, transformando nossas concepções de ensino e de aprendizagem e, quando bem utilizadas, contribuindo para quebrar barreiras do ensino tradicional.

O desenvolvimento das tecnologias da informação e da comunicação proporcionou uma reorganização das estruturas, impactando de tal modo nossa maneira de aprender que urgem novas formas de tratamento para o ensino. A internet, em especial, dispõe de ferramentas projetadas para ampliar e enriquecer a interação/colaboração entre as pessoas. Quando aplicadas à educação, essas ferramentas criam um amplo espaço de possibilidades para facilitar e incentivar o aprendizado dos alunos, mais adequadas à realidade atual. Entretanto, os benefícios trazidos pela internet para a escola dependem do modo como os ambientes são utilizados para esse fim e, desse modo, dependem de um preparo adequado dos profissionais da educação para que todos seus recursos possam ser bem explorados, pensando-se o novo suporte, e não para uma extensão do ensino tradicional.

Um contraponto, porém, para a necessária incorporação das tecnologias da informação e da comunicação nas escolas é o de que essa incorporação não é sinônima de inclusão digital. A simples entrada dessas novas tecnologias nas escolas, dissociadas de uma reflexão sobre os usos reais e necessários para o exercício da cidadania e do conhecimento da realidade na qual se insere, não garante o sucesso do trabalho. Posso citar, como exemplo, o aludido estudo de Selwyn (2008), que reflete sobre o cenário atual do Reino Unido em que anos de investimento em presença física das tecnologias da informação e comunicação contrastam com o fato de que a muito prometida "transformação" baseada na tecnologia da educação não se materializou. Conforme o autor, a despeito de todo o investimento, muitas questões educacionais e tecnológicas que se pretendia resolver continuam tão problemáticas em 2008 como o eram em 1997. Assim, Selwyn argumenta que as intervenções e iniciativas de TICs somente podem ter sucesso se forem acompanhadas por uma mudança fundamental no pensamento que as sustentam, menos em função de percepções idealizadas de como a tecnologia deve ser usada e de como os indivíduos deveriam participar da sociedade, e mais de repensar a relevância, a utilidade e a significação do uso das TICs para os indivíduos, assim como de reconsiderar a relevância das práticas "socialmente inclusivas" nas sociedades da informação contemporâneas:

> Mesmo em debates ostensivamente críticos sobre TIC e inclusão social, costumam-se privilegiar sutil e, às vezes, inconscientemente os potenciais transformadores das TIC à custa do reconhecimento das

realidades, muito menos espetaculares, do uso das TIC no cotidiano contemporâneo. Em outras palavras, existe uma necessidade premente de reconhecer os aspectos equivocados, insatisfatórios e corriqueiros das novas tecnologias junto com as suas características extraordinárias, muito mais louvadas. Uma capacitação eficiente para o uso de TIC como computadores e internet parece ser mais bem enfocada quando se apoia numa "adequação" autêntica aos padrões da vida cotidiana das pessoas, ao se concentrar em aumentar a relevância das TIC e fazer com que o debate universal sobre serviços passe de questões de oferta para questões de demanda (SELWYN, 2008).

Nessa linha de pensamento de reavaliar as TICs pelo viés dos benefícios reais que podem proporcionar às pessoas, Moreira e Kramer (2007) acrescentam que não se pode negligenciar a presença, na sociedade, de distintas formas de diversidade cultural, de modo que o caráter democrático de uma sociedade do conhecimento requer políticas públicas internacionais, nas quais se encontrem numerosas línguas, etnias e culturas, bem como condições discursivas e contextuais que favoreçam a preservação e o aprofundamento de variadas tradições de conhecimento. Destarte, na perspectiva dos autores, não se suprimem formas antigas de diversidade cultural por meio de condições tecnológicas avançadas:

> A expansão uniformizada de aparatos tecnológicos não elimina a diversidade das relações sociais entre indivíduos, assim como das relações desses indivíduos com o conhecimento, com o dinheiro e com seus corpos. Tampouco propicia o desaparecimento de desigualdades econômicas. Assim, as diferenças, as desigualdades, as divergências e as discrepâncias persistem. É nesse panorama que a fetichização das novas tecnologias, na sociedade e na educação, insiste em perdurar (MOREIRA; KRAMER, 2007, p. 7).

Os autores argumentam, ainda, que todo esforço por padronizar os processos educativos é acompanhado por resistências, adaptações e interpretações locais, comprometidas com valores não hegemônicos.

Nesse panorama, o pensamento de elevar a qualidade da educação por meio de processos hegemônicos de acesso às novas tecnologias deve ser analisado com cautela. É patente que fatores de ordem sociocultural precisam ser contemplados em uma discussão sobre o uso das novas tecnologias, caso se objetive o desenvolvimento de uma região por meio de um ensino de qualidade. Do mesmo modo, é insuficiente refletir sobre o domínio de conhecimento, de competências e de habilidades para o uso dessas tecnologias, se essa reflexão se distancia de uma análise dos valores e dos interesses dos sujeitos envolvidos. Pensar em qualidade da educação, com ou sem o uso de novas tecnologias, envolve entender essa qualidade como um fenômeno complexo que envolve fatores e dimensões extraescolares e intraescolares.

De acordo com Goulart (2006), as dimensões intraescolares associam-se à infraestrutura e ao processo de organização do trabalho escolar – condições de trabalho, gestão da escola, currículo, formação docente –, assim como à análise de sistemas e unidades escolares a partir dos resultados obtidos nas avaliações externas. Sobre as dimensões extraescolares, a autora apregoa que dizem respeito às determinações e às possibilidades de superação das condições de vida das camadas sociais menos favorecidas e assistidas. Goulart destaca que as dimensões extraescolares afetam profundamente os processos educativos e os resultados de aprendizagem, o que resulta em problemas como, entre outros, o fracasso escolar e a desvalorização social dos segmentos menos favorecidos.

Para a autora, o problema se agrava quando os determinantes socioeconômico-culturais tendem a ser naturalizados, não só pelos profissionais da escola, mas também pelos pais, alunos e comunidade, pela crença de que os alunos menos favorecidos são fadados ao fracasso ou a uma capacidade de sucesso muito baixa, salvo poucas e excepcionais exceções; e, por essa razão, seria aceitável um padrão de aprendizagem inferior. E a escola acaba por reproduzir as condições socioeconômico-sociais do entorno em que se localiza, reforçando a comunidade em situação de desvantagem e a escola com baixo padrão de qualidade.

Goulart sugere que, para romper tal círculo vicioso, são necessárias políticas públicas e projetos escolares e extraescolares de inclusão e de resgate social:

> É urgente introjetar em toda a comunidade escolar (no sentido abrangente que inclua também pais e alunos) uma visão da educação como direito e bem social, capaz de contribuir para promover a emancipação dessas populações. Em termos da escola ela se materializa por meio de projeto pedagógico que contemple a identificação de conteúdos e conceitos relevantes no processo ensino-aprendizagem, a avaliação que subsidie a correção de problemas que afetam a aprendizagem efetiva, a utilização adequada dos recursos pedagógicos e uma concepção ampliada de educação envolvendo cultura, esporte e lazer, ciência e tecnologia. E, sobretudo, além do financiamento adequado para a educação, na valorização da força de trabalho docente e em sua qualificação que, além da capacitação e atualização técnica, contribua para substituir a crença na "sina dos desfavorecidos" pela convicção de que é necessário acolher e confiar na capacidade de aprendizagem e desenvolvimento de alunos menos favorecidos econômica e socialmente, ajudando-os a superar os obstáculos que têm condicionado os resultados escolares e comprometido seu futuro (GOULART, 2006, p. 287-288).

Nessa mesma perspectiva, Moreira e Kramer (2007) sustentam, ainda, que a promoção de uma educação de qualidade depende de, além de mudanças profundas na sociedade, mudanças nos sistemas educacionais e na escola, por meio de, entre outros, condições adequadas ao trabalho pedagógico, conhecimentos e habilidades relevantes, estratégias e tecnologias que favoreçam o ensinar e o aprender, procedimentos de avaliação que subsidiem o planejamento e o aperfeiçoamento das atividades pedagógicas e docentes bem formados.

A partir das posições de Goulart (2006) e de Moreira e Kramer (2007), podemos entender que propostas que visem promover a qualidade do ensino precisam associar-se a uma reflexão mais ampla sobre as condições de trabalho, a gestão da escola, o projeto pedagógico, o currículo, a boa formação docente, os dados das avaliações externas, bem como sobre determinantes socioeconômico-culturais e as crenças dos educadores em relação aos alunos menos favorecidos. Nessa perspectiva, as tecnologias entram apenas como uma parte de um processo mais amplo em favor de uma educação de qualidade para o desenvolvimento social.

Já foi discutido o fundamento de que o uso das novas tecnologias, aqui em especial da internet, por si só, não é a solução milagrosa para todos os problemas da educação, muito menos se dissociada de uma análise do contexto. Por essa razão, entendo que um estudo contextual se faz necessário antes de se elaborar quaisquer projetos de ensino com recursos de informática. A simples oferta do uso de novas tecnologias não será suficiente para elevar a qualidade do ensino, se alheia a um processo de reorganização de todo o sistema educacional. No entanto, não podemos desconsiderar que é inevitável que o uso das TICs faça parte dessa proposta:

> Por que é urgente integrar as TIC nos processos educacionais? A razão mais geral e a mais importante de todas é também óbvia: porque elas já estão presentes e influentes em todas as esferas da vida social, cabendo à escola, especialmente à escola pública, atuar no sentido de compensar as terríveis desigualdades sociais e regionais que o acesso desigual a estas máquinas está gerando (BELLONI, 2002).

> A presença do computador na escola é uma realidade incontornável e seu uso já vem se tornando um fato corriqueiro até mesmo nas escolas públicas do interior brasileiro. Escasseiam, contudo, reflexões críticas a respeito do uso da computação em sala de aula, o qual vem ocorrendo de modo ingênuo e despreparado (MARCUSCHI, 2001).

Neste texto, não questiono se se deve ou não usar as novas tecnologias na escola, porque a sua presença na sociedade é um fato. Contudo, penso que é necessário estender essa reflexão, considerando-se fatores de ordem socioculturais, para que de fato as TICs possam ser úteis na comunidade na qual o projeto de ensino se insere, favorecendo uma educação de qualidade.

Em um texto de 2008, Belloni e Gomes defendem que o uso pedagógico apropriado das tecnologias de informação e comunicação contribui para o desenvolvimento de comportamentos colaborativos e autônomos de aprendizagem, o que repercute em desenvolvimento intelectual e socioafetivo. Com base em aportes das teorias construtivista e sociointeracionista, as autoras trabalham com a hipótese de que ambientes de aprendizagem computacionais tendem a ser eficazes para a aprendizagem, pois possibilitam a mediação entre o sujeito e o objeto do conhecimento a ser construído. Assim, elas propõem uma análise de como ocorrem esses "novos modos de aprender" que já vêm se desenvolvendo, à revelia da escola, a partir do momento em que as crianças começaram a aceder à televisão e aos videogames, que se amplificaram e complexificaram com o acesso e uso lúdico do computador e da internet e que têm sido ignorados por professores e especialistas. Ou, nas palavras de Freitas (2005), para a geração anterior, as novas tecnologias – computador, internet, domínio da imagem, escrita vocal – são estranhas e levam-nos a nos colocarmos em relação a elas com uma postura de medo, dúvidas e críticas, revelando um verdadeiro abismo entre as gerações.

De acordo com Belloni e Gomes (2008), não se pode ignorar que, para as crianças nascidas na era tecnológica, é natural considerar essas novas máquinas parceiras de suas vivências lúdicas e de suas aprendizagens. As crianças e os jovens apropriam-se da tecnologia a partir das mesmas estratégias que utilizam para apreender outros elementos de seus universos de socialização. É uma apropriação espontânea, sem a intervenção didática de adultos. Por outro lado, as autoras revelam que suas pesquisas evidenciam a necessidade de mediação das instituições educativas para o desenvolvimento do espírito crítico e de utilizações criativas dos jovens no uso da televisão e da internet.

Essa é uma questão fundamental. Embora o professor possa se sentir inseguro diante de um cenário em que os alunos dominam melhor os artefatos tecnológicos que ele, seu lugar como mediador continua indispensável. É o professor quem estimula a reflexão crítica sobre o conteúdo produzido nesses artefatos, que organiza estratégias para que o aluno aprofunde o conhecimento nas pesquisas virtuais, que impulsiona o debate em sala de aula sobre os conteúdos compartilhados na internet, que desperta um espírito mais investigativo, que orienta sobre a qualidade do material disponibilizado na rede, que aponta caminhos para o aperfeiçoamento das formas de expressão e de interação, que encoraja os alunos a explorarem melhor sua criatividade, entre outras ações.

Nessa perspectiva, não se justifica o argumento corrente de que não seria necessário utilizar as tecnologias em sala de aula, uma vez que os alunos já dominam essas ferramentas e que, assim, outros saberes seriam mais importantes. Como pesquisas demonstram, o papel do professor nesse novo cenário pode ser diferente, mas é ainda absolutamente essencial. Afora isso, como já discutimos, o acesso a essas tecnologias não se distribui uniformemente na sociedade. A desigualdade nesse acesso é um fato que representa, para muitos, a exclusão social.

Nesse sentido, ainda cabe à escola e ao professor o importante papel de promover a inclusão social. No contexto deste estudo, parte dessa inclusão diz respeito à superação das desigualdades no acesso e uso das TICs e de suas informações, bem como ao desenvolvimento do espírito crítico e criativo dos alunos acerca dos conteúdos gerados nessas tecnologias para a efetiva participação sociocultural de seus alunos.

Seguindo essa linha de pensamento, na próxima seção, enfocarei a importância de se desenvolverem projetos na escola com um formato específico de conteúdo digital, que são os conteúdos produzidos em multimídia, por ser esse o tema das reflexões propostas neste livro.

Da importância dos projetos em multimídia no ensino

Linguagem multimídia é uma expressão cunhada para definir a combinação de sistemas semióticos verbais, sonoros e imagéticos, em meios digitais. É uma combinação não justaposta, mas que se realiza de forma integrada para construir sentido. Com base nessa noção conceitual, podemos afirmar que, nas produções em multimídia, existe uma lógica de articulação e de associação de diferentes linguagens, de modo a conferir unidade de sentido.

A partir da discussão anterior sobre a importância do docente no processo de desenvolvimento do espírito reflexivo-crítico dos alunos, podemos perceber que o trabalho com produções dessa natureza se torna essencial na sala de aula. Ora, se pesquisas demonstram que apenas o contato com as tecnologias não impede lacunas na capacidade dos alunos de aprofundar reflexões e de utilizar criativamente esses artefatos, as produções em multimídia, que exploram diferentes linguagens de forma integrada, demandam maior esforço cognitivo para a reflexão crítica e o uso da criatividade, processo que necessita ainda mais do auxílio do professor.

Para o desenvolvimento da capacidade do aluno de refletir criticamente e de usar a criatividade em contextos digitais, a elaboração de projetos de ensino que envolvam produções multimídia é uma estratégia sem igual. Essas produções exigem dos usuários a compreensão de como diferentes linguagens podem ser usadas para informar e persuadir, bem como a compreensão de que o tratamento integrado dessas diferentes linguagens modifica os sentidos originais, construindo um novo sentido, informando e persuadindo de forma diversa. Assim, projetos de ensino envolvendo a leitura e a produção multimídia convertem-se em uma necessidade emergente, para o aprimoramento das habilidades dos alunos para uma participação plena da vida em sociedade.

Contudo, um trabalho com multimídia para a vida em sociedade não pode ser baseado em produções artificiais. Já é corriqueira a ideia de que a redação escolar não faz sentido porque exclui os sujeitos e os contextos, o que deixa marcas extremamente forçadas na escrita dos alunos, marcas distantes dos usos reais da linguagem. Do mesmo modo, se apenas houver uma reprodução dessa estratégia tradicional para o trabalho com produções multimídia, reinventa-se o modelo artificial da redação escolar, agora, porém, com *status* de "revolução" tecnológica. A produção multimídia, dissociada de contexto de uso, será, na verdade, uma redação escolar reinventada com o apelo de outras linguagens igualmente artificiais.

Esclareçamos melhor esse ponto. Para se desenvolver um trabalho profícuo que envolva linguagem, é necessário que o aluno tenha a oportunidade de conhecer os fatores envolvidos nas interações sociais.

Bakhtin (1992) afirma que a linguagem é considerada "enunciação", "interação", com destaque à sua natureza social. E a enunciação consiste no "produto da interação de dois indivíduos socialmente organizados" (BAKHTIN, 1992, p. 112). Partindo dessa concepção de linguagem, Bakhtin entra na configuração dos lugares do locutor e do interlocutor na enunciação.

De acordo com o autor, a palavra é dirigida a um interlocutor. Ela é a função da pessoa desse interlocutor e variará se a pessoa pertencer ou não ao mesmo grupo social, se for inferior ou superior na hierarquia social, se estiver ligada ao locutor por laços sociais mais ou menos estreitos. Ainda que esse interlocutor não seja real, ele pode substituir o representante médio do grupo social do locutor. Segundo Bakhtin, não há interlocutor abstrato, uma vez que não seria possível ter uma linguagem comum com tal interlocutor. Com isso, a palavra é orientada em função de um interlocutor concreto.

Bakhtin diz que a palavra comporta duas faces, pois é determinada tanto por se dirigir a alguém quanto por proceder de alguém. Assim, ela constitui o produto da interação do locutor e do ouvinte, servindo de expressão a um em relação ao outro. Pela palavra, o indivíduo se define em relação ao outro, e, em última instância, em relação à coletividade.

À continuação, o autor assevera que a palavra do locutor, enquanto signo, é extraída de um estoque social de signos disponíveis e que a própria realização desse signo social na enunciação concreta é determinada pelas relações sociais. Assim, "a situação social mais imediata e o meio social mais amplo determinam completamente e, por assim dizer, a partir do seu próprio interior, a estrutura da enunciação" (BAKHTIN, 1992, p. 113). Dessa forma, qualquer que seja a enunciação, na sua totalidade ela é socialmente dirigida e determinada pelos participantes do ato de fala, explícitos ou implícitos. São os participantes e a situação mais imediatos que determinam a forma e o estilo ocasionais da enunciação: "Os estratos mais profundos da sua estrutura são determinados pelas pressões sociais mais substanciais e duráveis a que está submetido o locutor" (BAKHTIN, 1992, p. 114).

Essa perspectiva social também determinará a concepção de língua. Para Bakhtin, a língua é constituída pelo fenômeno social da interação verbal, realizada por meio da enunciação. E, entre as formas da interação verbal, o diálogo é o que o autor destaca.

Em um primeiro momento, o autor afirma que a palavra "diálogo" pode ser entendida, em um sentido amplo, como toda comunicação verbal, de qualquer tipo que seja. Assim, o livro (ato de fala impresso) também seria um elemento da comunicação verbal:

> Ele é objeto de discussões ativas sob forma de diálogo e, além disso, é feito para ser apreendido de maneira ativa, para ser estudado a fundo, comentado e criticado no quadro do discurso interior [...]. Além disso, o ato de fala sob a forma de livro é sempre orientado em função das intervenções anteriores na mesma esfera de atividade, tanto as do próprio autor como as de outros autores: ele decorre, portanto, da situação particular de um problema científico ou de um estilo de produção literária (BAKHTIN, 1992, p. 123).

Com isso, o autor propõe que o discurso escrito é parte integrante de uma discussão ideológica em grande escala, uma vez que responde a alguma coisa, refuta, confirma, antecipa as respostas e objeções potenciais, procura apoio etc.

Em seguida, Bakhtin apregoa que qualquer enunciação é apenas uma fração de uma corrente de comunicação verbal ininterrupta, que constitui somente um momento na evolução contínua de um grupo social determinado. Disso decorre o estudo das relações entre a interação concreta e a situação extralinguística – a situação imediata e o contexto social mais amplo. Desse modo, o autor sustenta que a comunicação verbal só pode ser compreendida e explicada por meio do vínculo com a situação concreta e, portanto, a análise das formas do conjunto de enunciações como unidades reais na cadeia verbal precisa conceber a enunciação individual como um fenômeno puramente sociológico. A estrutura da enunciação é, pois, fundamentalmente social, isto é, se produz de substância discursiva social e só se torna efetiva entre falantes.

Pelo enfoque que este trabalho dá à interação, um comentário cabe, neste momento, quanto à figura do interlocutor na perspectiva bakhtiniana. Ao se propor a estudar a linguagem como enunciação, e a enunciação como o produto da interação entre dois indivíduos socialmente organizados, o autor confere ao interlocutor um lugar central. Isso é ratificado pela constatação de que a palavra não pertence exclusivamente ao locutor. Ela é dirigida a um interlocutor e variará consoante o lugar (grupo, laços, hierarquia) social ocupado por esse interlocutor. Além disso, ela permite que o indivíduo se defina em relação ao outro, ou até mesmo em relação à coletividade. Por conseguinte, o locutor só pode se constituir pelo reconhecimento do interlocutor.

Bakhtin também permite a percepção de uma variedade de interlocutores, uma vez que estes podem ser individuais ou coletivos, explícitos ou implícitos, bem como não reais, por intermédio da substituição do representante médio do grupo social do locutor. Lembremos, no entanto, que, para o autor, o interlocutor nunca será abstrato, o que ressalta a essencialidade do seu reconhecimento na composição da interação. Esse princípio pode ser considerado fundamental para a premissa de que a produção de textos deve ser um processo autêntico de uso da linguagem. Se consideramos o pensamento bakhtiniano acerca da interação pela palavra e se pretendemos um trabalho com produções multimídia que permitam o tratamento integrado da palavra, da imagem e do som, não podemos ignorar o fato de que as interações são orientadas pelo contexto social mais amplo, que envolve um locutor concreto, indivíduo socialmente organizado, que produz linguagem (em nosso caso, linguagens) de acordo com os laços e as hierarquias sociais, definindo-se em relação ao outro e à coletividade.

Dito isso, outro aspecto que devemos destacar é o fato de que as atividades de linguagem não se esgotam em classificações restritivas e estanques, porque a realidade das interações possíveis de serem estabelecidas pela linguagem acompanha a evolução da sociedade. A linguagem reproduz o mundo. Língua e sociedade não se concebem uma sem a outra, indivíduo e sociedade não são termos contraditórios, mas complementares (BENVENISTE, 1995).

Para Bakhtin (2003), o emprego da língua realiza-se em forma de enunciados orais ou escritos proferidos pelos indivíduos que integram algum campo da atividade humana. Como tal, o conteúdo temático, a seleção dos recursos lexicais, fraseológicos e gramaticais da língua (estilo da linguagem) e a construção composicional do enunciado reproduzem as condições específicas e as finalidades do campo no qual se inscreve. Desse modo, ainda que cada enunciado particular seja individual, cada campo de utilização da língua elabora seus tipos relativamente estáveis de enunciados, os quais o autor designa "gêneros do discurso" (BAKHTIN, 2003, p. 261-262).

De acordo com Bakthin, "a riqueza e a diversidade dos gêneros do discurso são infinitas porque são inesgotáveis as possibilidades da multiforme atividade humana". Assim, o conjunto de gêneros do discurso cresce e se diferencia conforme o desenvolvimento e a complexificação de um determinado campo dessa atividade.

Marcuschi, apoiado no pensamento bakhtiniano, acrescenta que os gêneros textuais, por serem fenômenos profundamente vinculados à vida cultural e social, podem ser pensados em relação a algum meio de comunicação. Como acompanham a sociedade e a sua evolução, diferentes gêneros podem aparecer a partir da instauração de novas tecnologias. Sabemos que, na atualidade, a emergência de gêneros diferentes por conta das inovações tecnológicas é um fato mais presente do que nunca.

Com isso, reitero a importância de se trabalhar na escola com gêneros digitais emergentes, em nosso caso, por meio de projetos de ensino que envolvam produções multimídia, que são, em sua maioria, gêneros oriundos das novas tecnologias.

Relembremos, ainda, que os Parâmetros Curriculares Nacionais (PCNs) instituem oficialmente a premissa de que é necessário oferecer nas escolas as condições para os estudantes terem acesso ao conjunto de conhecimentos socialmente elaborados e reconhecidos como necessários ao exercício da cidadania. Entre esses conhecimentos para a vida em sociedade, destaco os gêneros digitais emergentes constituídos por linguagem multimídia que, como mencionei no início desta seção, exigem mais da compreensão por se valerem de diferentes linguagens.

Afora isso, o PCN de Língua Portuguesa enfatiza que, na atualidade, exigem-se níveis de leitura e de escrita diferentes dos que satisfizeram as demandas sociais anteriores. Disso decorre a necessidade de revisão dos métodos de ensino e a instituição de práticas que viabilizem a ampliação da competência do aluno na interlocução. Ressalta, também, a noção de gêneros como objeto de ensino, em toda a sua diversidade, tanto em função de sua relevância social quanto pelas diferentes formas de organização. Compreender e produzir textos pertencentes a diversos gêneros supõe desenvolver diferentes capacidades que devem ser enfocadas nas situações de ensino. Dessa maneira, é preciso renunciar a ênfase exclusiva em um gênero prototípico e priorizar os textos que caracterizam os usos públicos da linguagem. É o que proponho aqui.

As condições tecnológicas da atualidade põem à disposição uma gama variada de recursos que permitem a produção de gêneros que usam de forma integrada a palavra, a imagem, o som e o movimento. Com a ampliação da oferta de serviços de banda larga de internet, impulsionou-se o acesso a esses recursos e, hoje, presenciamos um aumento expressivo de produções em multimídia não mais restritas a profissionais especializados. Naturalmente, como comentado na seção anterior, as práticas sociais facultadas pela internet são, em geral, mais recorrentes entre os "nativos digitais" – expressão cunhada por Marc Prensky, em 2007, para definir os nascidos a partir dos anos 1990, que convivem com computadores, videojogos e telemóveis e que, por isso, lidam com a evolução tecnológica como parte do processo natural de desenvolvimento. Esses "nativos" representam 50% da população ativa, um fenômeno que tem recebido atenção especial por conta dos impactos que pode gerar na sociedade. De outro lado, porém, encontram-se os "imigrantes digitais", isto é, os sujeitos que não nasceram no mundo digital e que, por essa razão, ou buscam aprender a utilizá-las ou resistem em aceitá-las. Costuma-se dizer que esses "imigrantes" falam com "sotaque", isto é, não têm a mesma fluência na linguagem digital que os "nativos". Com o passar dos anos, o aumento do número de "nativos digitais" impulsionou a criação de novas necessidades de comunicação humana e, assim, impulsionou a origem de novos gêneros. O uso expressivo desses novos gêneros pelos nativos tem marcado a diferença entre as gerações e, sem uma proposta pedagógica de ensino que contemple essa diversidade de gêneros, pode distanciar ainda mais a escola da realidade da vida. E, nas escolas de periferia, o problema pode ser o oposto: enquanto os alunos privilegiados avançam a passos largos, os com menores recursos podem se tornar ainda mais excluídos.

Com efeito, defendo que a falta de projetos pedagógicos consistentes em torno de gêneros contemporâneos, de projetos capazes de usufruir do que o avanço tecnológico oferece, é um grave problema, porque essa ausência priva o aluno de participar de forma crítica e plena de uma sociedade influenciada pelas mídias, em suas múltiplas linguagens. Justifico, portanto, a proposta de se incluir, de forma estratégica, projetos de produção multimídia adequados à realidade da sala de aula, proposta que será discutida na próxima seção.

Das estratégias para a elaboração de projetos de produção multimídia na sala de aula

Nesta seção, com base nas discussões teóricas anteriores, apresento propostas de critérios e de estratégias que promovam o uso adequado das novas tecnologias na sala de aula. Em primeiro lugar, proponho que todo projeto de ensino com recursos multimídia comece pela elaboração de um objetivo social. Esse objetivo precisa ser elaborado a partir do diagnóstico de necessidades concretas dos educandos com vistas à efetiva inclusão digital e social. Adaptando os postulados de Goulart (2006), acerca das dimensões extra e intraescolares, apresento sugestões de critérios e estratégias para esse diagnóstico inicial. Proponho que o professor deve valer-se de três critérios ao elaborar objetivos para projetos de ensino com suporte das TICs na sala de aula, relativamente à realidade local, realidade regional e realidade universal.

O primeiro critério que o professor precisa levar em conta na escolha das tecnologias que pretende utilizar em sala de aula refere-se à realidade local. São as necessidades dos alunos quanto às práticas mais elementares de leitura e de produção escrita em contextos digitais. Atendidas essas necessidades básicas, o professor poderá incluir produções multimídia mais complexas, que desenvolvam competências relacionadas ao raciocínio e ao pensamento.

O processo de diagnosticar as necessidades básicas dos alunos pode ser realizado de diferentes formas. Uma das estratégias para auxiliar o professor nesse diagnóstico inicial é a análise da realidade mais imediata, por meio do levantamento de dados dos alunos no Projeto Pedagógico da escola. Esse documento costuma oferecer determinantes socioeconômicas e culturais dos alunos.

Outra estratégia para esse diagnóstico inicial é a aplicação de questionários que investiguem o nível de letramento digital dos alunos, de suas práticas sociais com uso de tecnologias. É importante mencionar que o questionário precisa conter questões fechadas e questões abertas. As questões fechadas referem-se àquilo que o professor considerar essencial para o projeto pedagógico que pretende desenvolver. As abertas permitem um espaço para o aluno expressar aquilo que possa não ser previsto pelo docente. É interessante, também, incluir perguntas indiretas, para evitar que o aluno responda o que acredita que o professor quer ouvir.

O segundo critério necessário para esse diagnóstico refere-se à realidade regional. Essa realidade envolve o município, o estado e o país. Para isso, uma estratégia para o professor é se informar, com frequência, sobre programas e ações existentes e previstos pela Prefeitura Municipal, pelo Governo do Estado e, principalmente, pelo MEC, que promovam a inclusão digital, social e cultural nas escolas. Um documento que pode ajudar o professor é o Projeto Plurianual de seu município, especialmente os tópicos relativos às ações voltadas para a inclusão digital no ensino. Com essas informações, o professor poderá conhecer as demandas que têm sido diagnosticadas e considerar possibilidades de proposição de parcerias com as Secretarias Municipal e Estadual de Educação, incluindo-se os Telecentros, comuns em muitas bibliotecas públicas. Se o município for sede de alguma Instituição de Ensino Superior, é habitual que essas instituições desenvolvam projetos de pesquisa e de extensão com o uso de recursos tecnológicos, ampliando as possibilidades de o professor conhecer as demandas da região, bem como criar parcerias com outros profissionais.

Finalmente, o terceiro critério para o diagnóstico diz respeito à realidade universal. Embora devamos considerar as realidades local e regional, não podemos privar os alunos dos conhecimentos mundialmente compartilhados, sobretudo na era da globalização, em que as fronteiras entre os países têm sido minoradas, entre outros, pelo uso das TICs. Nesse cenário, conhecer aspectos relativos à cultura digital de outros países faz parte da formação para a cidadania. Entre as estratégias que o professor pode adotar, destaco a de investigar programas de inclusão digital de países mais avançados, buscando examinar possibilidades de relação com os contextos local e regional de seus alunos. Em referência ao idioma, Portugal pode ser uma boa alternativa. Muitas universidades desse país dispõem de programas mais avançados no que se refere ao uso de artefatos tecnológicos em educação e costumam disponibilizar os resultados de seus estudos nas próprias páginas das instituições.

Com base nesse diagnóstico, entendo que o professor terá dados suficientes para caracterizar o contexto e formular um objetivo adequado à realidade de sua escola. Poderá realizar uma análise crítica acerca das possibilidades e potencialidades de uso das tecnologias da informação e da comunicação no contexto caracterizado, especialmente as que se valem da internet, para um ensino pautado no desenvolvimento de competências necessárias ao exercício da cidadania, considerando-se a diversidade cultural e os interesses da comunidade. Poderá analisar quais mídias são mais relevantes para atender a esse objetivo, selecionando-as para seu projeto pedagógico.

Destarte, apresento, agora, uma descrição sumária da proposta de construção de um projeto pedagógico[1] de produção multimídia. Como afirmado anteriormente, a proposta que defendo neste texto parte da ideia de que um projeto de produção multimídia na sala de aula começa pela formulação de um objetivo social, elaborado a partir do diagnóstico das necessidades e interesses dos sujeitos envolvidos, e que só possa ser atingido por meio do uso de recursos tecnológicos. Entendo que esse objetivo norteará a escolha do gênero multimidiático do projeto, gênero não escolar, mas sim de circulação efetiva na sociedade.

---

1 Aqui, as expressões "projeto de ensino" e "projeto pedagógico" estão empregadas indistintamente, sem preocupações terminológicas, e correspondem a qualquer planejamento de aulas elaborado de acordo com a estrutura preferida pelo professor.

Dito isso, passo para sugestão da segunda etapa de construção do projeto, que é a pesquisa bibliográfica em torno do gênero escolhido. Esse gênero pode ser explorado em sala de aula, considerando-se suas características, tais como o tema, a construção composicional e o estilo prototípicos, bem como a lógica de articulação das diferentes linguagens que contribuem para a construção do sentido e para a persuasão. O trabalho pode contemplar, igualmente, um estudo dos contextos reais de circulação e das situações de uso, além da conscientização sobre os interlocutores reais ou o representante médio do grupo social do locutor, no dizer bakhtiniano. Esse estudo envolve, além da pesquisa bibliográfica em torno do gênero, a análise de textos reais que circulam socialmente.

Um terceiro passo que proponho é o levantamento de programas e serviços disponibilizados gratuitamente na internet, que permitam a produção do gênero e que sejam, de fato, utilizados entre os usuários da rede. Apesar de reconhecer a importância de programas voltados exclusivamente para a prática pedagógica, os softwares educacionais, o objetivo deste livro não é o uso desses objetos de aprendizagem. Em consonância aos princípios expostos, o que proponho é pensar estratégias que criem condições para os estudantes usarem programas de criação multimídia que permitam sua inclusão social e digital. Assim, argumento que o aluno precisa aprender a ler e a produzir mídias digitais que verdadeiramente circulem e sejam necessárias para a vida em sociedade. Se o papel da escola é promover o exercício da cidadania, então as práticas pedagógicas não podem ser dissociadas da vida. O que defendo é uma maior aproximação com as produções multimídia da vida real, evitando a excessiva escolarização das criações. E os programas gratuitos, além de poderem ser empregados por diferentes segmentos sociais, são amplamente utilizados na vida real.

Para encerrar, sugiro que esse processo de elaboração do projeto de ensino conte com uma perspectiva do professor no papel de mediador, que provoque a reflexão crítica e que desperte a criatividade de seus alunos, avaliando colaborativamente se o objetivo foi atingido. O professor pode elaborar o planejamento, desde o diagnóstico inicial, a formulação do objetivo até a seleção de mídias e de programas, juntamente com seus alunos, orientando-os em cada etapa do processo.

Com efeito, neste livro, os capítulos que seguem explorarão um ou outro aspecto dessa proposta, a partir de experiências concretas na sala de aula. Essas experiências são fruto de projetos de ensino elaborados no interior do Programa de Educação Tutorial, PET – Letras, por mim coordenado, e desenvolvido na Universidade Federal do Pampa (UNIPAMPA), com financiamento do Ministério da Educação (MEC). Os projetos foram aplicados em escolas de educação básica do ensino público e visam à produção multimídia na escola. Há, ainda, um capítulo especial, que relata a experiência prática de aplicação de um projeto investigativo sobre a compreensão de textos virtuais, que é uma contribuição oriunda de pesquisas realizadas no Centro de Referência para o Desenvolvimento da Linguagem – CELIN da FALE/PUCRS, coordenado pela professora Vera Wannmacher Pereira.

Além desses capítulos focados em aplicações práticas, os capítulos finais deste livro ressaltarão outros critérios importantes para o professor observar, relativos à avaliação da usabilidade dos programas para a sala de aula e à avaliação das produções multimídia de seus alunos. Assim, este livro é um esforço para colaborar com o professor na reflexão teórico-prática de uso das tecnologias de produção multimídia na sala de aula.

Considerações (mais ou menos) finais

Neste capítulo, discutimos a necessidade de uso das tecnologias da informação e da comunicação na escola como parte de um processo de inclusão digital e social. Com base na discussão, foram apresentados estratégias e critérios para a elaboração de um projeto pedagógico de produção multimídia que atenda a esse objetivo.

Agora, gostaria de deixar uma palavra final ao professor, o principal interlocutor deste livro. Tudo o que foi apresentado aqui parte do pressuposto de que ele é ator essencial para uma educação de qualidade. O professor com espírito investigativo e que propõe projetos com base em suas pesquisas jamais poderá ser substituído por uma máquina. Somente o professor tem as habilidades necessárias para promover uma inclusão digital efetiva na escola. Inovar no ensino não significa apenas equipar as escolas com máquinas. É o professor que fará a diferença; depende dele que o ensino mediado por computador não seja apenas uma reprodução do ensino tradicional para a máquina.

Sendo seu papel essencial, deixo aqui o incentivo para que o docente se engaje nessa causa e estimule outros docentes a participarem de projetos dessa natureza. Quem sabe, até mesmo, criar, na escola, um Núcleo de Investigações sobre Tecnologias de Informação da Comunicação e Ensino, de modo a consolidar o histórico de pesquisas na escola, a partir de suas experiências. Estudos têm constatado que, da perspectiva da disponibilidade de infraestrutura, a maioria das escolas municipais possui laboratório de informática com acesso à internet. Afora isso, boa parte das bibliotecas públicas municipais conta com Telecentros que disponibilizam seus espaços para as escolas. Consideremos, também, que, nos municípios que possuem universidades federais, é comum a criação de convênios e de acordos de cooperação com as secretarias municipal e estadual, em que as entidades envolvidas oficializam o compromisso de conjugar esforços visando à implantação, ao desenvolvimento e ao mútuo assessoramento na realização de pesquisa, ensino e extensão nas áreas científica, cultural e tecnológica, compartilhando recursos materiais, financeiros e humanos. Que os esforços de todos contribuam para uma educação mais justa e igualitária! É o que esperamos.

Referências bibliográficas

ANDERSEN, Elenice Maria Larroza. *PET – Letras*. Bagé, 2010. Formulário-Síntese da Proposta ao SIGPROJ Edital PET 2010, n. 09, Universidade Federal do Pampa, 2010.

BAKHTIN, Mikhail. *Marxismo e filosofia da linguagem*. 6. ed. São Paulo: Hucitec, 1992.

_______. Os gêneros do discurso. In: BAKHTIN, Mikhail. *Estética da criação verbal*. 4. ed. São Paulo: Martins Fontes, 2003.

BELLONI, Maria Luiza. Ensaio sobre a educação a distância no Brasil. *Revista de Ciência da Educação do Centro de Estudos de Educação e Sociedade*, [S.l.], v. 28, n. 78, p. 117-142, abr. 2002.

BELLONI, Maria Luiza; GOMES, Nilza Godoy. Infância, mídias e aprendizagem: autodidaxia e colaboração. *Revista de Ciência da Educação do Centro de Estudos de Educação e Sociedade*, Campinas, v. 29, n. 104 – Especial, p. 717-746, out. 2008. Disponível em: <http://www.cedes.unicamp.br>.

BENVENISTE, Émile. *Problemas de Linguística Geral I*. 4. ed. Campinas: Pontes, 1995.

BRASIL, Ministério da Educação e do Desporto. *Parâmetros Curriculares de Língua Portuguesa*. 5ª a 8ª séries. Brasília, 1998.

GOULART, Oroslinda Maria Taranto. Apresentação. *Revista Brasileira de Estudos Pedagógicos*, Brasília, DF, v. 87, n. 217, p. 287-290, 2006.

MARCUSCHI, Luiz Antônio. Gêneros textuais: definição e funcionalidade. In: DIONISIO, Ângela Paiva; MACHADO, Anna Rachel; BEZERRA, Maria, Auxiliadora (Org.). *Gêneros textuais & ensino*. 2. ed. Rio de janeiro: Lucerna, 2002.

MARCUSCHI, Luiz Antônio. O hipertexto como um novo espaço de escrita em sala de aula. *Linguagem & Ensino*, v. 4, n. 1, p. 79- 111, 2001.

MOREIRA, Antonio Flavio Barbosa; KRAMER, Sonia. Contemporaneidade, educação e tecnologia. *Revista de Ciência da Educação do Centro de Estudos de Educação e Sociedade*, Campinas, v. 28, n. 100 – Especial, p. 1037-1057, out. 2007. Disponível em: <http://www.cedes.unicamp.br>.

SELWYN, Neil. O uso das TIC na educação e a promoção de inclusão social: uma perspectiva crítica do Reino Unido. *Revista de Ciência da Educação do Centro de Estudos de Educação e Sociedade*, Campinas, v. 29, n. 104 – Especial, p. 815-850, out. 2008. Disponível em: <http://www.cedes.unicamp.br>.

PARTE 2

Experiências práticas na sala de aula

DO ROTEIRO À ANIMAÇÃO: EXPERIÊNCIAS COM O USO DE SOFTWARE LIVRE

Eduardo Souza Pinto*

Fabiana Giovani**

Introdução

É perceptível que o campo tecnológico educacional vem se expandindo ao longo destas últimas três décadas, principalmente nas áreas das tecnologias da informação e comunicação (TICs). Também é notável a preocupação de alguns professores e gestores em cada vez mais possibilitar o acesso a tais tecnologias, tal como introduzi-las no contexto escolar como facilitadoras na prática de

* Bolsista do Programa de Educação Tutorial (MEC) – PET Letras. Universidade Federal do Pampa.

** Doutora em Linguística. Professora adjunta da Universidade Federal do Pampa.

ensino. Em especial, o computador e a internet já estão presentes na vida de, se não todos, muitos alunos da educação básica. Um dos desafios é fazer com que cada vez mais essas TICs sirvam de apoio ao discente e ao docente, que, por sua vez, deverá sempre se manter atualizado acerca dessas novas mídias.

Professor atualizado, instruído e especializado é outro desafio que temos pela frente. Mesmo que as novas mídias, as multimídias, por assim dizer, tenham tomado conta da vida de muitos jovens estudantes de todas as idades, algumas metodologias antigas ainda se fazem presentes em aulas ministradas por professores que, às vezes, se recusam a se atualizar ou simplesmente preferem os métodos tradicionais. Naturalmente, os métodos clássicos têm sua utilidade, afinal a maioria de nós foi educado nesses moldes; porém, o aluno desta geração, deste século, é outro. O dinamismo e facilidade para obter e selecionar as informações que são disponibilizadas é uma das principais características dessa "nova remessa" de discentes, os "nativos digitais". Em outras palavras, não se pode esperar que os novos alunos do século XXI se adaptem a métodos ultrapassados de aprendizagem. Fazer isso seria regredir. São os professores que precisam ser constantemente renovados e atualizados desde suas metodologias de ensino até as ferramentas que viabilizam esse ensino. Contudo, para que isso se realize será necessária uma grande reforma na formação pedagógica, incluindo especializações nas áreas das tecnologias da informação e comunicação. Ainda sim, seria mais conveniente do que prostrar toda uma geração, a "nativa digital", em métodos de aprendizagem a que nossos pais e avós foram submetidos.

Neste capítulo, adotamos uma postura de educadores inseridos num mundo em constante ascensão tecnológica. Assumimos o compromisso de verificar até que ponto podemos viabilizar as novas tecnologias para o ensino em sala de aula, o quanto os alunos conseguem apreender em contato com determinados *softwares*. A intenção foi criar aulas atrativas para despertar o interesse dos alunos, trabalhando com gêneros como desenho animado e, a partir desse gênero, desenvolver as habilidades de escrita através da construção de *roteiros* narrativos/descritivos.

Nosso projeto, que é parte do Programa Educação Tutorial (MEC)[1] do curso de Licenciatura em Letras, investigou o efeito de tal projeto nas escritas dos alunos-alvo. No que se refere ao conteúdo de língua portuguesa, exploramos a produção de um *roteiro de apoio* para, posteriormente, ser desenvolvido o trabalho com o software, efetivamente. É importante salientar que o roteiro é a base para a produção de qualquer sequência audiovisual e visual.

Pretendemos, aqui, relatar a experiência vivida dentro e fora da sala de aula, assim como descrever o processo de aplicação do projeto de ensino, além dos resultados e conclusões obtidos do trabalho *in loco*. Os alunos passaram por uma mobilização que envolveu desde a apresentação de termos como "multimídia", "texto multimodal" e uma breve contextualização a respeito da inserção das tecnologias (do computador, mais especificamente) na educação básica, até o trabalho prático com o uso de um software a partir da escrita dos roteiros. As perguntas que deveríamos contemplar ao final da etapa de aplicação do projeto seriam: "A produção final do aluno contemplou aquilo que ele havia escrito no roteiro?"; "Desenvolveu com proficiência as habilidades de escrita necessárias?"; "Conseguiu manusear o software com facilidade?".

Para a organização deste capítulo, na primeira seção, apresentamos a fundamentação teórica com trabalhos basilares para a realização de nossa pesquisa. A segunda seção dedica-se a descrever o software utilizado para a produção de animação

---

1 O PET é um projeto financiado pelo MEC que visa integrar Ensino, Pesquisa e Extensão, a fim de melhorar a qualidade do curso de graduação. O PET Letras, intitulado "Contexto Digital", ao qual esta proposta pertence, promove o uso das mídias emergentes no ensino básico para auxiliar nas habilidades de leitura e escrita.

vetorial – Stykz. A terceira seção traz a parte aplicada, mostrando desde a atividade diagnóstica até os resultados obtidos a partir do manuseio do software. Logo após, faremos algumas considerações finais.

1. Fundamentos teóricos

1.1 Sobre o signo e o desenho animado

Procurando estabelecer uma ligação ainda mais forte entre o gênero desenho animado e a escrita buscamos fundamentos na Semiótica, cujo objeto de análise é tudo o que pode significar algo para alguém, ou seja, o mundo e todas as suas linguagens.

De acordo com Pierce (apud NETTO, 2007), "signo" é tudo o que, em certo aspecto, representa alguma coisa para alguém. Sendo assim, "signo" pode ser qualquer objeto no mundo real ou imaginário que, visto pelos "olhos" de uma pessoa, criará dentro de sua mente outro signo igual a si mesmo ou, eventualmente, um signo mais desenvolvido. Esse segundo signo criado na mente dessa pessoa (*Interpretante* ou *Referência*) recebe o nome de *Objeto*, que junto às outras duas entidades formam a *relação triádica de signo* (NETTO, 2007, p. 56). Nesse caso, podemos pensar desta forma: cada vez que lemos, por exemplo, o signo /caneta/, rapidamente nossas mentes são preenchidas com a imagem do objeto do mundo concreto que nomeamos "caneta". Essa imagem final não possui nenhuma relação casual obrigatória com o signo /caneta/, se pensarmos que uma não existe em função da outra e que o que as liga de fato é o *interpretante*. A imagem a seguir representa a *relação triádica* proposta por Pierce:

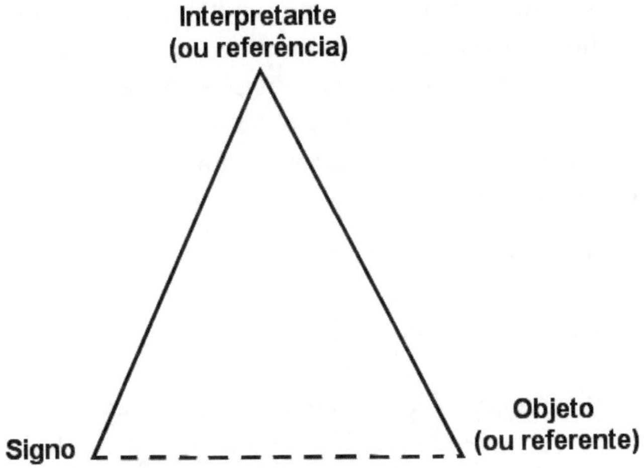

Figura 1. Gráfico da relação triádica do signo.

Pierce (apud NETTO, 2007) propõe que os signos sejam divididos em outra tricotomia, onde signo e objeto se relacionam em nível semântico. Por isso, divide os signos em *ícone, índice e símbolo*, com as seguintes denominações: i) *Ícone* é um signo que tem alguma semelhança com o objeto representado, como, por exemplo, uma fotografia ou uma escultura de um homem; ii) *Índice* é um signo referente ao objeto significado em virtude de ser diretamente afetado por esse objeto, por exemplo, uma pegada na areia que indicia a passagem de uma pessoa pelo local, ou ainda uma impressão digital; e iii) *Símbolo* é um signo que se refere ao objeto definido por meio de uma associação de ideias produzidas por uma convenção. Por exemplo, qualquer palavra de um idioma ou, ainda, a cor branca como símbolo da paz (NETTO, 2007, p. 58).

Tendo conceituado o signo e sua principal tricotomia, aqui pretendemos ressaltar um gênero textual que reúne *ícone e símbolo*, ou seja, um gênero que estabelece relações de semelhança com o mundo real através de imagens e ao mesmo tempo permite a interpretação através de palavras e cores; um gênero moderno que pode ser definido como sendo um *Texto Multimodal*: o desenho animado. Um texto multimodal nada mais é do que a combinação de duas ou mais divisões de signo propostas pela Semiótica. Essa combinação resulta numa natureza dinâmica de comunicação em que imagem e movimento trabalham juntos na formação de sentido.

A geração digital em que vivemos exalta cada vez mais essa linguagem dinâmica visual e, evidentemente, a internet é a principal difusora dessa *multimodalidade*. Por isso, não podemos deixar de prestar atenção em algo que vem tomando cada vez mais o espaço antes ocupado pelas práticas tradicionais de escrita. Por exemplo, sempre que você navega na internet, é bombardeado com *gifs* animados,[2] publicidades em *flash* e, até mesmo, pelos inconvenientes *SPAMs*[3] e *Pop-ups*.[4] Ou seja, o que antes era possível selecionar nas colunas de jornais, nas revistas e afins, hoje em dia, vem à tona sem nem ao menos pedir licença. Porém, a principal diferença entre mídia digital e mídia impressa é o dinamismo, ainda que levemos em consideração que antes de ser impressa essa mídia era digital.

A técnica de animação em si é antiga, difundida pelos irmãos Lumiére (1895), que ganhou reconhecimento e prestígio mundial a partir da primeira metade do século XX com *Walt Disney*. Essa empresa, cujo fundador lhe cedeu o próprio nome, fabricava (e ainda fabrica) desenhos animados com técnicas de animação incríveis e, em suas composições, detalhes minuciosos de movimento e arte final produzidos à mão. Foi a *Disney* que estreou na

---

2 Extensão ou formato utilizado na *web* e que pode ser uma imagem ou uma sequência de imagens que juntas formam uma animação.

3 Termo utilizado (abreviação em inglês de *spiced ham* [presunto condimentado]) para classificar mensagens e anúncios que são produzidos em massa e não possuem público-alvo direcionado. SPAM está muitas vezes relacionado a publicidades indesejáveis e mensagens de e-mail geradas em massa por computadores.

4 Termo original do inglês utilizado para classificar propagandas que surgem em "janelas extras" na internet e que muitas vezes "invadem" a privacidade do internauta.

História com a primeira animação longa-metragem com áudio e em cores:[5] *Branca de Neve e os Sete Anões*. A empresa ficou famosa pelas suas temáticas infantis que acabaram atingindo o próprio público adulto. Os desenhos animados produzidos pela *Walt Disney* eram repletos de expressões e fantasia, e o mais importante: possuíam áudio. Tais produções podiam ser acessadas exclusivamente através de uma mídia antiga, o VHS, e, é claro, por meio do cinema e da TV. Nessa época, não existia DVD, muito menos *internet*. Era uma época ainda muito marcada pelo radialismo e, mesmo assim, o público do desenho animado já se apresentava consideravelmente. Hoje em dia, com a ascensão das novas tecnologias e as várias formas de acesso a esta, o desenho animado e a técnica de animação em si já estão em todo meio de comunicação digital.

Juntamente com a tecnologia e se adaptando a esta, as técnicas de animação foram evoluindo. A partir do momento em que o homem solidificou sua relação com o computador, "tudo" pôde ser feito através deste, inclusive animações mais precisas. A era digital trouxe consigo as primeiras animações em *3 Dimensões* e outra técnica de animação conhecida como *Flash*. Os desenhos animados foram ganhando mais "vida" com o método 3D e, diferentemente do conteúdo infantil com o qual estávamos acostumados desde as primeiras animações da *Walt Disney*, foram surgindo animações com teor mais adulto, mais maduro. O desenho animado ganhou ainda mais espaço em comerciais publicitários, em anúncios de TV, nos cinemas, nos *Videogames*. A empresa *Pixar*[6] foi uma das difusoras do desenho animado em 3D com o longa-metragem *Toy Story*, em 1995, logo após ter assinado um contrato com a *Disney*.

---

5 Disponível em: <http://pt.wikipedia.org/wiki/Walt_Disney>.

6 Disponível em: <http://pt.wikipedia.org/wiki/Pixar> e <http://www.pixar.com/companyinfo/history/index.html>.

De todas as produções multimodais podem se inferir significados, assim como de textos que reúnem apenas palavras. Para fazer uma análise crítica construtiva de um texto escrito é preciso possuir conhecimento específico que abrange Gramática e Semiótica. É por isso que Kress e Van Leeuwen (1996) sugerem que haja uma gramática para letramento visual. Essa gramática sugerida por eles será útil para desenvolver a capacidade de criação de textos multimodais, como também para a análise crítica destes. Os autores (1996) também afirmam que as significações produzidas pela linguagem verbal nem sempre podem ser realizadas da mesma forma pela imagem e vice-versa.

Em busca da "alfabetização visual", procuramos um meio de integração de alunos da educação básica de rede pública às novas mídias e softwares capazes de produzir as mesmas. Essas ferramentas, pensando num futuro não muito distante, funcionarão como o "lápis e a borracha" do futuro aluno na produção de um gênero totalmente novo. Será como aprender a "ler e escrever" numa linguagem moderna. E "ler", nesse caso, não significa só decifrar os signos de maneira vazia, mas sim compreendê-los, interpretá-los em todos os contextos, assim como "escrever" está ligado a "transmitir um *significado por meio de signos*".

Cristiane Nova e Lynn Alves argumentam em um artigo presente no livro *Educação Online* que:

> Trata-se, portanto, de uma luta social, o que implica que os indivíduos da sociedade do século XXI necessitam não apenas de uma formação que os habilite a ler e a escrever por meio de algarismos, mas também a compreender as formas de comunicação audiovisuais (adentrando na organização da técnica e da linguagem), assim como a produzir sentidos por meio de imagens e sons. [...] É preciso, portanto, que os audiovisuais sejam incorporados na educação formal e não formal do homem deste novo milênio (2006, p. 115).

Defendendo o argumento de que cada vez mais o contato direto das pessoas, principalmente os jovens, com os textos multimodais vêm aumentando e que através desse contato se adquire grande parte do conhecimento, as autoras classificam a inclusão dos audiovisuais na educação como sendo uma "necessidade mais que urgente". Nova e Alves, com base nas pesquisas de Lèvy (1998), afirmam que é um "fato quase incontestável" que a novas gerações conheçam o mundo por vias audiovisuais. A compreensão dos elementos audiovisuais leva vantagens sobre os textos escritos, pois:

> As imagens são, em geral, percebidas muito mais rapidamente do que os textos; a memorização das imagens é, geralmente, melhor do que a das representações verbais; a maior parte dos raciocínios espontâneos utiliza a simulação de modelos mentais frequentemente imagéticos, [...] as representações icônicas são independentes das línguas e por isso eliminam parte das dificuldades de tradução (NOVA; ALVES, 2006, p. 116).

O uso de *hipermídia* no contexto educacional possibilitará o avanço nas produções narrativas, já que essa é uma grande ferramenta capaz de produzir significado a partir da maneira com que se organizam e se manipulam espaço, tempo, ações e personagens num meio onde os signos icônicos e simbólicos trabalham juntos.

Estamos tratando aqui de temas e gêneros que não são mais novidade. A própria utilização do computador na educação, ainda que recente, não é mais uma inovação. Muitas escolas públicas já estão equipadas com computadores para o uso dos alunos que, em geral, possuem acesso a estes também fora da escola devido ao que podemos chamar de "democracia digital". Uma metodologia de ensino que assimile e conjugue essas máquinas, além de incentivar e convidar o discente a aprofundar seus estudos através desses meios, isso sim seria uma novidade. No entanto, devemos ressaltar que observamos, neste período de aplicação em sala de aula, que as escolas possuem computadores, mas não o suficiente para se fazer um trabalho coletivo considerável, já que só contam com um único laboratório e alguns poucos computadores. Ou seja, já é difícil trabalhar com uma turma devido à escassez de máquinas, e com duas turmas, simultaneamente, seria impossível.

Aluízio Belisário discorre acerca do material didático a ser adotado na educação via internet (não presencial) e apresenta como um recurso *animações e vídeos*:

> [...] a utilização de animações, vídeos ou arquivos de áudio em um hipertexto[7] pode ser essencial para a garantia de motivação, na medida em que quebram a eventual monotonia da leitura de textos escritos e, além de exemplificar este texto de forma lúdica, garantem um certo movimento interativo, ao exigirem uma atitude mais ativa do "leitor" frente à tela do computador, pela necessidade da utilização de seus periféricos mais comuns, como mouse e o teclado, por exemplo (2006, p. 144).

A investigação de softwares que permitem a produção de animações foi essencial neste projeto. Contemporaneamente falando, todos são capazes de produzir signos visuais, pois temos ao alcance câmeras digitais e celulares com acesso à internet, capazes de tirar fotografias e filmar. Tudo isso com preços acessíveis às mais diversas classes sociais. Sites de hospedagem de imagens, sons e vídeo ajudam na divulgação de todo texto multimodal amador e profissional, transformando todos os autores em diretores, editores e produtores em potencial. Na internet, existem várias plataformas de programas gratuitos destinados aos mais diversos fins. Em sites de download encontramos softwares capazes de criar e reproduzir as mídias mais modernas. Um dos objetivos do

---

7 "[...] ocorrem na forma de termos destacados no corpo de texto principal, ícones gráficos ou imagens e têm a função de interconectar os diversos conjuntos de informação, oferecendo acesso sob demanda às informações que estendem ou complementam o texto principal" (disponível em: <http://pt.wikipedia.org/wiki/Hipertexto>).

PET do curso de Letras é justamente utilizar programas e serviços que possibilitam desenvolver competências em diferentes linguagens, por meio do trabalho com gêneros mais contemporâneos (ANDERSEN, 2010), nesse caso, o *desenho animado*.

1.2 O trabalho com a escrita a partir dos gêneros do discurso

Pensar a aula de língua portuguesa, hoje, no vigor do século XXI, no contexto escolar brasileiro, é assumir a importância do texto como objeto fundamental no processo de ensino/aprendizagem. Historicamente, sabemos que esse posicionamento não é novo. Desde os anos 1970/1980 o ensino de Língua Portuguesa passou a ser o foco de muitas discussões e mudanças, o que gerou um conjunto de propostas elaboradas com o objetivo de criar alternativas pedagógicas que superassem o fracassado ensino da "gramática".[8]

A terminologia "produção de textos" – difundida nesse momento de discussão – trouxe para a prática em sala de aula uma nova concepção de língua(gem), sendo esta considerada agora uma forma de interação. Assim, mais do que possibilitar uma transmissão de informações de um "emissor" a um "receptor",[9] a linguagem passou a ser compreendida como um lugar de interação humana.

Embora haja uma extensa bibliografia sobre o tema em questão, inclusive é sabido que o texto como objeto de ensino é tematizado pelos documentos oficiais como, por exemplo, os PCNs (1997), é ainda questionável entre os professores atuantes a compreensão, que vai desde o que é, de fato, um texto até as suas inúmeras possibilidades de trabalho efetivo em sala de aula.

---

8 A respeito, ver Marinho (2001).

9 Concepção de linguagem ligada à teoria da comunicação, que vê a língua como código.

Os documentos oficiais trazem a noção de gêneros discursivos – orais e escritos – para o cenário educacional como uma possibilidade de favorecer o ensino de leitura e produção de textos. O novo termo emprestado da teoria do filósofo Bakhtin (1992) vem acompanhado de uma virada discursiva ou enunciativa no uso do texto na sala de aula. Nas palavras do autor:

> O enunciado reflete as condições específicas e as finalidades de cada uma dessas esferas, não só por seu conteúdo (temático) e por seu estilo verbal, ou seja, pela seleção operada nos recursos da língua – recursos lexicais, fraseológicos e gramaticais –, mas também, e sobretudo, por sua construção composicional. Este três elementos (conteúdo temático, estilo e construção composicional) fundem-se indissoluvelmente no todo do enunciado, e todos eles são marcados pela especificidade de uma esfera de comunicação (BAKHTIN, 1992, p. 279).

Segundo Bakhtin (1992), a diversidade e riqueza dos gêneros são infinitas e suas possibilidades de criação e mudança estão diretamente ligadas ao desenvolvimento e heterogeneidade da atividade humana que possui sua gama de gêneros discursivos. Assim, conforme uma sociedade transforma-se, desenvolve-se ou complexifica-se, mais mudanças ocorrerão no repertório disponível de gêneros.

Na tentativa de dialogar a teoria dos gêneros do discurso com a questão das TICs e, mais ainda, desenvolver uma prática escolar fundamentada nos próprios documentos oficiais, escolhemos trabalhar a escrita a partir do gênero "roteiro". Assim, a construção de roteiros será fundamental para o desenvolvimento do trabalho final, que é a produção de animação vetorial: a partir do software Stykz.[10]

Destaca-se, ainda, que dentre as características relativamente estáveis do roteiro demos ênfase, na prática em sala de aula, às

---

[10] Falaremos sobre o software no próximo item.

sequências tipológicas narrativas e descritivas,[11] uma vez que essas características serviriam para a construção da animação.

2. Descrição do software para a produção de animação vetorial: Stykz

Stykz é uma ferramenta gratuita, compatível apenas com o *Windows*, disponível para download. Essa ferramenta é utilizada para a produção de animação vetorial. Esse tipo de animação consiste basicamente em construir a ilusão de movimento a partir de cenas sequenciais manipuladas vetorialmente. É um software simples e intuitivo, por isso foi eleito para ser testado em sala de aula. Vejamos:

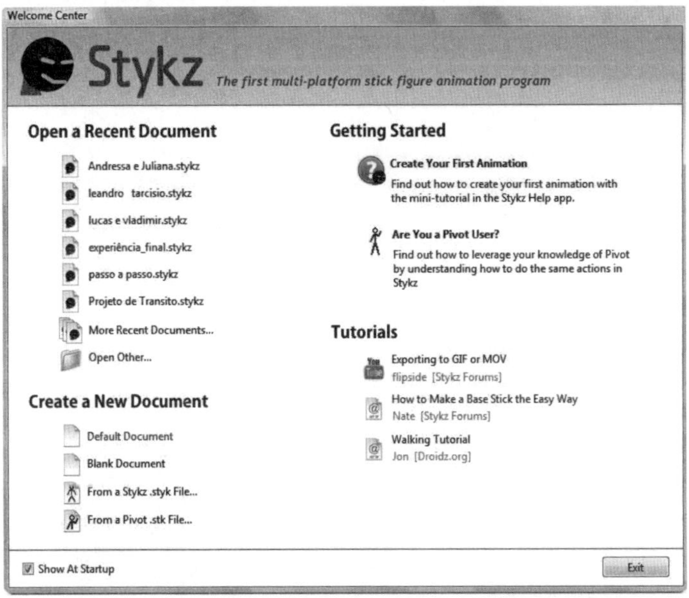

Figura 2. Tela de boas-vindas do Stykz.

[11] A respeito, ver Marcuschi (2002).

Para que fique mais fácil compreender o funcionamento do software, será necessária uma breve explanação sobre suas funcionalidades (como adicionar uma figura, como fazer os movimentos, mudar cores etc.).

Ao iniciar o programa, em sua tela de boas-vindas (figura 3) estarão as opções para iniciar um projeto, inclusive tutorias (em inglês) sobre como utilizar o Stykz, como fazer determinados movimentos e prosseguir com a construção de uma animação. Infelizmente, até o presente momento, esses tutoriais só estão disponíveis em inglês, assim como a própria interface do Stykz. Entretanto, isso não é empecilho, porque a interface é intuitiva, facilitando o autodidatismo no software.

Após aberta a interface, verificamos se todas as janelas estão selecionadas na guia "Windows" (como ilustra a figura 4). Caso estejam selecionadas, a interface do seu Stykz se parecerá como a ilustrada na figura 3:

Figura 3. Interface do Stykz.

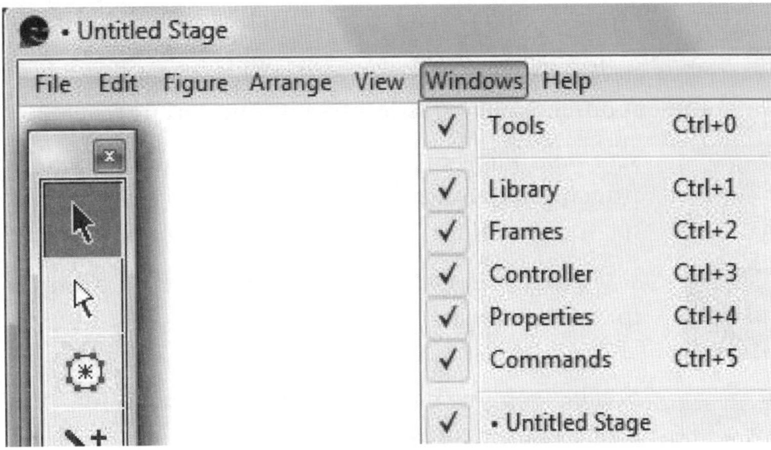

Figura 4. Janelas.

Provavelmente, haverá uma *figura palito* característica do Stykz na aba, que podemos chamar de "área de trabalho". Essa figura pode ser alterada de tamanho, de cor e de espessura. Também pode ser girada e movimentada para onde quiser e, caso não esteja satisfeito com ela, o usuário pode deletá-la. Todas essas funções estão presentes na janela de *comandos* ("commands" em inglês), conforme nos mostra a figura 5:

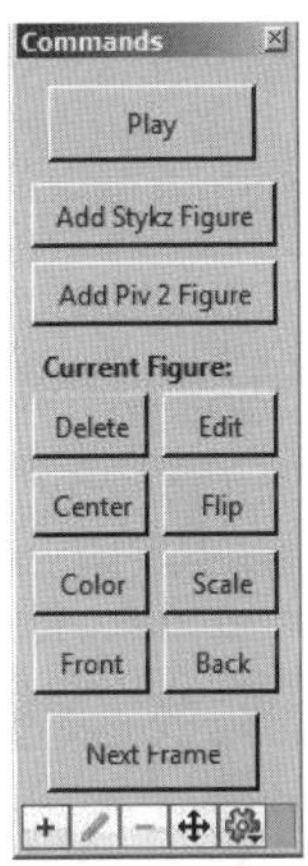

Figura 5. Janela de Comandos;
Figura 5.1. Janela de Ferramentas.

Caso queiramos adicionar uma nova figura Stykz, basta clicar em "Add Stykz Figure", "Add Piv 2 Figure", na janela de comandos ("commands"). Nessa mesma janela, podemos deletar figura ("delete"), editar figura ("Edit"), centralizar ("Center"), espelhar ("Flip"), colorir ("color"), alterar escala ("Scale"), trazer para a frente ("Front"), enviar para trás ("Back") e criar um novo frame ("New Frame").

Também observemos estas ferramentas importantes:

seta para mover vetores: esta ferramenta é uma das principais, pois através dela são criados os movimentos (por exemplo, o personagem movendo o braço);

seta para deslocar figura: é importante para mover formas inteiras;

preencher com cor: colore a área delimitada pela ligação dos vetores;

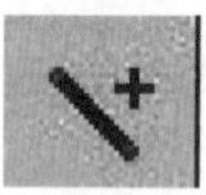

criar nova linha reta: é ideal para inserir novas linhas retas na animação;

criar novo círculo: adiciona um círculo na animação.

Um exemplo de cenário que pode ser criado no Stykz:

Figura 6.

Criar uma animação com o Stykz é simples. A "linha do tempo" (janela "Frames") será a guia para cada movimento realizado e para fração de tempo. Cada vez que se altera a posição do personagem ou do cenário é necessário que se insira uma nova *frame* ("New Frame") para que o movimento fique registrado.

Figura 7.

Não precisamos nos preocupar em perder a linha de raciocínio, pois cada vez que é feito um novo movimento, o movimento anterior fica registrado em forma de uma linha cinza clara:

Figura 8.

Vejamos o exemplo de uma linha de tempo de uma animação que foi quase concluída:

Figura 9.

Finalmente, para ver o resultado da animação ou acompanhar seu andamento, basta clicar em "play" na janela de controle ("controller"):

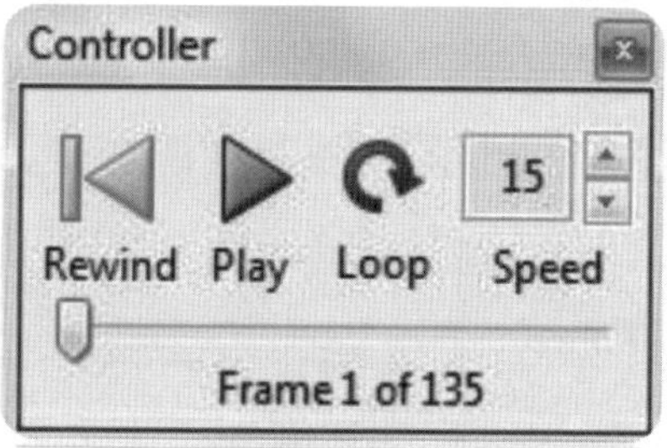

Figura 10.

O Stykz permite publicar a animação nos seguintes formatos: .*GIF* e .MOV. Para publicar é simples, basta acessar a guia "file", "export animation" e escolher, no ato, a extensão em que deseja publicar.

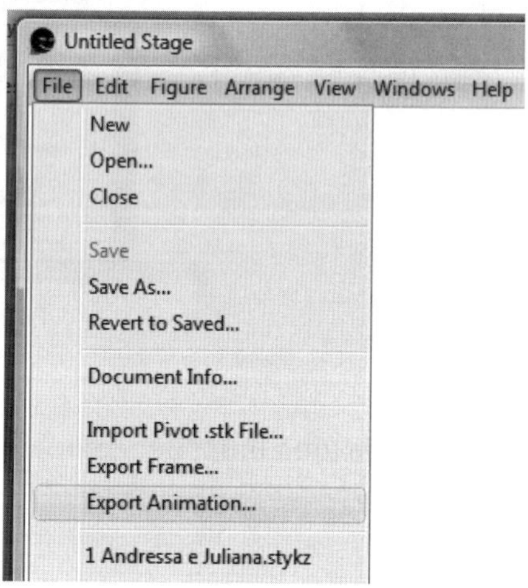

Figura 11.

Explicado o funcionamento do software, passemos à explanação de como se deu o projeto de ensino.

3. A prática em sala de aula

3.1 Atividade diagnóstica

O projeto didático foi desenvolvido em uma turma de 9º (nono) ano da escola Estadual de Ensino Fundamental Félix Contreiras Rodrigues, no município de Bagé, Rio Grande do Sul. A aplicação consistiu em dar aulas explicativas ensinando a utilizar o software de animação Stykz, além de apresentar conceitos básicos de produção de roteiros narrativos/descritivos, uma vez que esse conhecimento seria fundamental para a construção do desenho animado. Essas aulas foram ministradas a fim de desenvolver nos alunos a habilidade textual narrativa/descritiva, tal como a habilidade de produzir desenhos animados a partir dos próprios textos produzidos. Destacamos, então, que a capacidade de analisar e compreender as linguagens visuais foram um dos principais focos do projeto.

Inicialmente seriam dadas cinco aulas, distribuídas ao longo de cinco dias, com teor teórico e prático; porém, esse número foi alterado para oito aulas, devido ao envolvimento dos alunos com a proposta. Também é importante ressaltar que a professora responsável pela turma acompanhou com interesse e profissionalismo as aulas desse projeto, a fim de expandir ainda mais suas metodologias de ensino em relação às tecnologias da informação e comunicação. Contamos com a presença ativa de 18 alunos ao longo dessa etapa, que abrangeu as oito horas/aula sobre *stykz*, roteiro e a produção de desenho animado. A própria direção da escola se mostrou muito receptiva à proposta desde o início – atitude que salienta o interesse do corpo docente em agregar novas tecnologias e novos conceitos à educação básica.

A primeira etapa consistiu na aplicação de um questionário (atividade diagnóstica), justamente para saber a frequência com que os alunos usam a internet e o computador. O questionário foi formulado com os seguintes itens:

1 – Você possui computador e/ou notebook em casa? Quantos?
1.2 – Você tem acesso à internet em casa?
☐ Sim
☐ Não

1.3 – Se você não tem internet em casa, que lugares você frequenta para acesso?
☐ Lan house/Cyber
☐ Casa de amigos e/ou parentes
☐ Na escola
☐ Outro:

2 – Com que frequência você usa a internet?
☐ Diariamente
☐ Uma a duas vezes por semana
☐ Três a quatro vezes por semana
☐ Esporadicamente (diga com que frequência):

3 – Para quais atividades você usa a internet?
☐ Conversar com amigos e parentes nas redes sociais
☐ Pesquisar
☐ Assistir a filmes
☐ Ouvir música
☐ Fazer download de softwares generalizados (editor de imagem e vídeo, editor de áudio, de desenho animado etc.)
☐ Fazer download de games e/ou jogar games online
☐ Outros. Cite:

3.1 – Quais programas você mais usa no computador? Cite os nomes:

3.2 – Quais são os principais sites que você navega? De quais redes sociais você faz parte?

4 – O computador facilita suas atividades escolares? Por quê?

Tais perguntas foram feitas justamente para se ter uma ideia do nível de envolvimento dos alunos com o mundo virtual. Dos

20 alunos matriculados, apenas 18 responderam ao questionário. Os resultados foram os seguintes:

Percebemos, observando a figura 12, que a maioria dos alunos que respondeu à questão 1 possui computador e/ou notebook em casa.

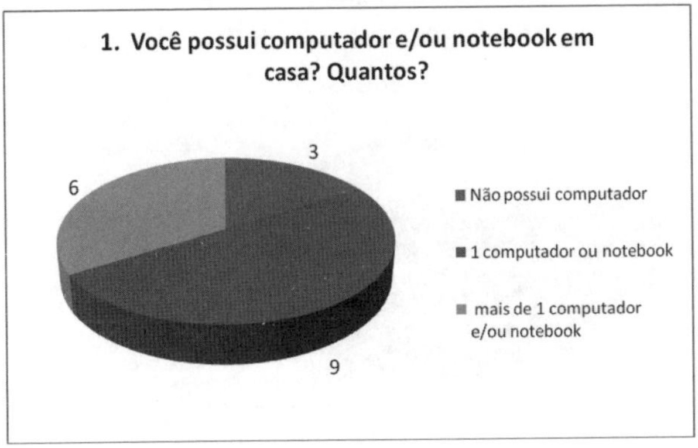

Figura 12.

Dos 18 alunos que responderam ao questionário, 5 não possuem acesso à internet em casa, como ilustra o gráfico da figura 13. Isso quer dizer que pelo menos dois dos alunos que possuem computador em casa não têm acesso à internet.

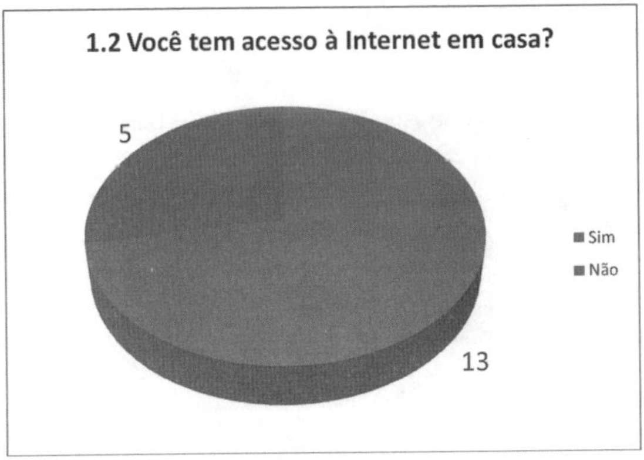

Figura 13.

Já o gráfico da questão 1.3 ilustra os lugares onde os alunos costuman acessar a internet. Percebemos que mesmo com acesso livre na escola, o aluno que não possui internet em casa frequenta mais as *lan houses*, onde o acesso é pago.

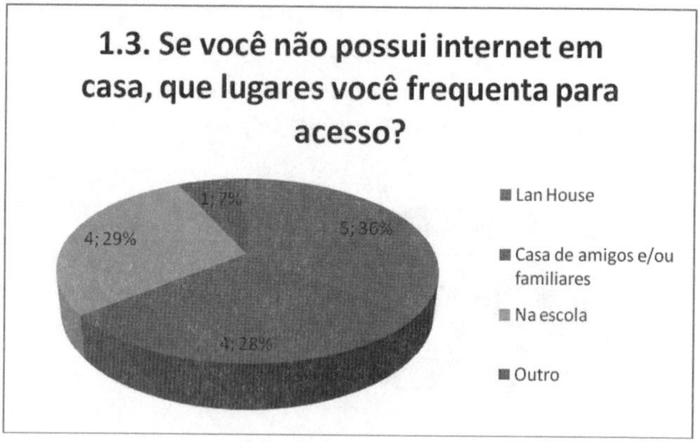

Figura 14.

A seguir, o gráfico da questão 2 mostra a frequência com que os alunos entrevistados utilizam a internet. Nesse caso, a maioria utiliza diariamente e 5 dizem utilizar uma a duas vezes por semana.

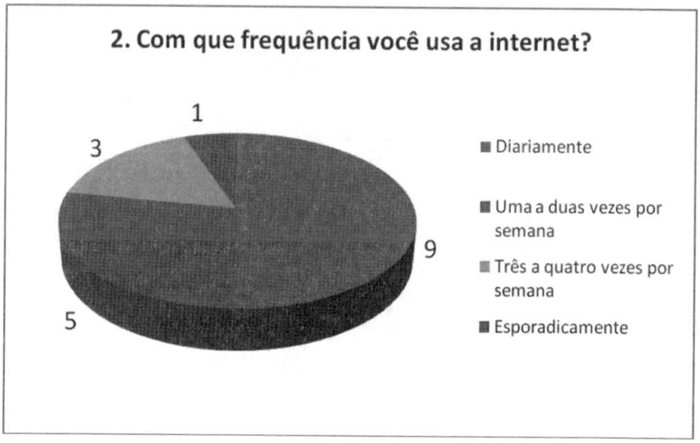

Figura 15.

O gráfico da questão 3 (figura 16) ilustra as atividades mais praticadas durante o acesso dos alunos à internet. Nessa questão, eles poderiam marcar mais de uma alternativa, ou seja, caso o aluno praticasse todas as atividades mencionadas, ele poderia eleger todas as alternativas. A atividade mais marcada foi "pesquisar assuntos escolares", o que é muito revelador, provando mais uma vez que a internet é grande aliada das atividades escolares, mesmo tendo de competir com redes sociais, sites de música e de downloads.

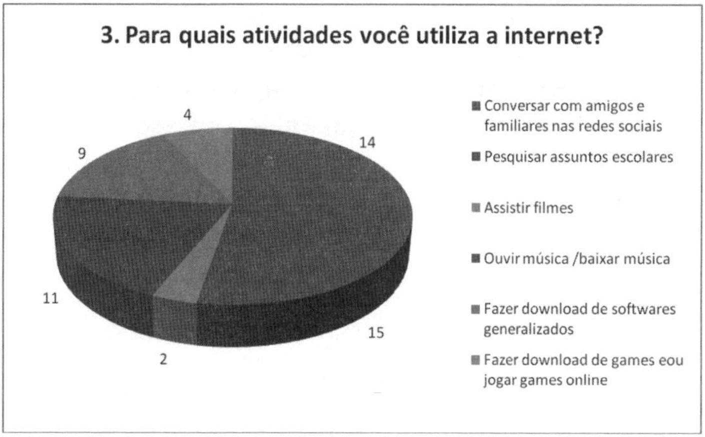

Figura 16.

As questões 3.1, 3.2 e 4 eram dissertativas e abriam diferentes possibilidades de resposta. Entre os vários softwares relacionados à música, reprodução de música e download, os mais citados pelos alunos (questão 3.1) são o *Ares*, o *MusicFree* (ambos programas de download e compartilhamento de arquivos, em especial músicas) e o próprio *MSN*, utilizado para comunicação em tempo real com outro internauta. Baseando-se nisso, podemos afirmar que não só esses alunos, mas grande parte dos adolescentes valoriza muito as mídias relacionadas ao audiovisual e à própria comunicação.

Quando o assunto é rede social ou sites de entretenimento, essa faixa etária de 13 a 16 anos adota quase todos, e a mais citada pelos alunos é o Orkut. Mesmo diante de tantos atrativos e opções de comunicação com amigos e familiares, a maioria dos entrevistados, exceto um, concordam que a internet ajuda e facilita as atividades escolares.

3.2 Aplicação e resultados

A aula de estreia foi dedicada à apresentação do projeto. Nela foi definido o tema "lixo", ou seja, o assunto sobre o qual os alunos comporiam suas sequências de animação e seus roteiros. A ideia nesse primeiro momento foi levar os alunos para o laboratório de informática para que eles já tivessem um contato com o software Stykz antes de qualquer produção escrita. Esperávamos que os alunos conseguissem imaginar roteiros melhores, na medida em que eles já conhecessem as limitações do software e suas funcionalidades.[12]

Em seguida, convidamos os alunos para uma discussão na qual eles responderam perguntas como "Como é a escola em que você estuda?" e "Como é o bairro em que você mora?", incitando a habilidade de descrição deles – como forma de introdução implícita para desenvolver as competências necessárias para a produção do gênero roteiro. Respostas como "meu bairro é asfaltado, bonito, perigoso" e "minha escola é uma ótima escola, com bons professores, com quadra de esportes etc." provaram que os alunos conseguem formar sentenças descritivas normalmente e com naturalidade; o desafio era fazê-los transpor essas sequências para o papel. A partir dessa pequena atividade oral, o professor levou os alunos a perceberem que, em suas respostas, estava presente a habilidade de descrição de forma eficiente. Nesse caso, foi

[12] É de extrema importância que os discentes consigam estabelecer uma relação entre o que é escrito e o que pode realmente ser feito com a ferramenta.

importante provar para o aluno que ele dominava determinada habilidade e que utilizava os recursos da língua naturalmente no seu cotidiano, ao conversar com amigos, professores etc. Ao obter as respostas dos alunos, definimos formalmente alguns conceitos de descrição, com base em Silva (2007), no texto "O tempo numa sequência descritiva":[13]

- Uma descrição consiste na representação de um objeto ou entidade no seu todo e nas suas partes.
- Um texto descritivo, em oposição ao texto narrativo, é estático e não exige uma ordem natural própria.
- A introdução de uma sequência descritiva em uma narrativa corresponde a uma paralisação no avanço da intriga.

Em seguida, trabalhamos o trecho de um livro em que ocorrem exemplos de descrição com uma paralisação do tempo da narrativa, para que os alunos pudessem perceber como isso acontece de maneira prática e efetiva. Desenvolver essa percepção tinha por objetivo fazer com que os discentes soubessem que a descrição não está ligada ao tempo de avanço da narrativa e que essa paralisação ajuda a compor o espaço do texto. Isso auxiliaria a construção do roteiro para a construção do desenho animado.

Prosseguimos com uma aula destinada ao ensino e à definição de roteiro.[14] Perguntamos: "Quem aqui planeja o que vai fazer durante o dia?". Os alunos não foram avisados de que se tratava de uma aula de roteiro, simplesmente foram levados a responder a tal pergunta. Alguns responderam que costumavam planejar o que fazer durante o dia, até mesmo durante a semana; outros simplesmente "deixavam rolar" suas rotinas, despreocupados com planejamentos em curto prazo. Após as respostas, chegamos à

---

13 Disponível em: <http://iberystyka-uw.home.pl/pdf/Dialogos-Lusofonia/Coloquio_ISIiI-UW_32_SILVA-Paulo-NUNES-da_O-tempo-numa-sequencia-descritiva.pdf>.

14 Procuramos enfatizar as características relativamente estáveis do gênero – tema, estilo e construção composicional.

conclusão de que lidamos com planejamentos nas escolas (com os planos bimestrais, datas de prova etc.) e, no dia a dia, até quando vamos à padaria precisamos nos planejar. E concluímos: por que não chamar esse *planejamento* de *roteiro* – o roteiro das nossas vidas? Não foi difícil fazer com que eles percebessem que o roteiro também está presente nas vidas deles, de maneira natural. Partindo desses princípios, chegamos, finalmente, à discussão do roteiro de desenho animado. A importância de se ter um roteiro detalhado foi explicada da seguinte forma: "Mesmo que o roteirista e o animador sejam você mesmo, é necessário escrever um roteiro completo, pois nem sempre é possível contar com a memória. Por exemplo, caso você escreva informações incompletas na sua agenda, provavelmente não conseguirá se organizar da forma esperada. O mesmo acontece com um roteiro de desenho animado".[15]

Dessa forma, continuamos a discussão sobre roteiro de desenho animado. Enfatizamos as características que são importantes em um roteiro desse tipo:

- *Ambientação* (descrição do ambiente concreto em que se encontra o personagem ou em que se passa uma ação determinada).
- *Ponto de visão* (de onde está sendo vista a cena).
- *Ação* (movimentos, expressões, tudo que possa representar um ato de um personagem ou qualquer fenômeno que possa interferir na cena).
- *Discurso* (fala do personagem, se houver).[16]

O seguinte exemplo[17] também serviu para que os alunos tivessem uma representação de como é formado um roteiro de acordo com o modelo proposto acima:

---

[15] Trecho retirado da atividade entregue aos alunos em aula.
[16] Trecho retirado da atividade entregue aos alunos em aula.
[17] Exemplo de roteiro redigido pelo autor do projeto.

Título: Espera na lanchonete

Cena 1:

Ambientação: lanchonete com mesas e bancos redondos e um balcão de madeira. Atrás do balcão, uma garçonete. Não há nenhum cliente.

Ponto de visão: vista frontal horizontal do balcão. Dá para ver quase todo o balcão.

Ação: a garçonete está sem fazer nada, apoiada sobre o balcão com um dos braços. Está com uma expressão de quem está entediada, aguardando por alguma coisa ou alguém.

Cena 2:

Ambientação: na mesma lanchonete da cena 1.

Ponto de visão: vista frontal, só que mais perto da garçonete, de modo que apareça apenas ela apoiada sobre seu braço.

Ação: idem cena 1.

Cena 3:

Ambientação: mesma lanchonete das cenas anteriores.

Ponto de visão: idem cena 2.

Ação: a garçonete levanta a sobrancelha e olha para frente, como se tivesse visto alguém que acabou de chegar, alguém por quem esteve esperando. Seu semblante agora é de surpresa, com um sutil sorriso no rosto.

Discurso: Garçonete: – Você?!

Um possível final para este roteiro foi debatido em sala de aula, de maneira breve. Finalmente, foi requisitado aos alunos que redigissem um roteiro para embasar a produção animada, seguindo o modelo apresentado anteriormente. Teriam tempo de fazer em casa e trazer para a próxima aula. Como dissemos, o tema sugerido para envolver as produções foi "o lixo".

Alguns alunos tiveram dificuldade com a produção, de modo que a fluência criativa não estava tão boa. Os alunos, na sua grande maioria, não se sentiam seguros para escrever, porém notamos certa euforia para seguir em frente com a produção do desenho animado, ainda que sem o roteiro pronto. Uma das instruções mais recorrentes foi a que deveria ser utilizada a estrutura "ambientação / ponto de visão / ação / discurso" em seus roteiros. Alguns alunos começaram a redigir em forma de dissertação, fugindo à orientação. Cada detalhe precisou ser discutido.

As aulas finais foram dedicadas à confecção do desenho animado no laboratório de informática.[18] Como as máquinas que suportavam Windows, e, consequentemente, o Stykz, eram apenas 10, os alunos tiveram que fazer a atividade em dupla, escolhendo, assim, apenas um roteiro por dupla para prosseguir com o trabalho. Durante todas as aulas no laboratório, os alunos foram devidamente orientados sobre como utilizar determinadas funções no programa,[19] como fazer as figuras se moverem, como adicionar *frames* etc. Eles também contaram com uma *apresentação de Power Point*,[20] com o passo a passo para a confecção de uma animação no Stykz. Ainda que, em alguns casos isolados, os alunos apresentaram dificuldades com o manuseio da ferramenta, os resultados foram satisfatórios em sua totalidade. Podemos dizer que os alunos se mostraram eficientes em "traduzir" as linguagens aqui abordadas, de maneira que o texto, baseado em um tema proposto, seria traduzido em imagem e ação.

A seguir, temos um exemplo de uma produção de uma das duplas, cujo roteiro não seguiu fielmente a estrutura proposta (*cena, ambientação, ponto de visão e ação*), porém apresentou um uso razoável da habilidade descritiva e narrativa, entre outras habilidades:

[18] Foram destinadas 3 aulas para essa atividade

[19] Conforme o exposto no título "Descrição do software para a produção de animação vetorial: Stykz", deste capítulo.

[20] Apresentação desenvolvida exclusivamente para este projeto, com o intuito de facilitar a produção do aluno e orientá-lo de maneira geral.

Cena 1

Duas pessoas. Uma sentada em um banco e a outra em pé. Os dois na praça. O que está de pé coloca o lixo no lixo.

Nas duas figuras acima, podemos ver nitidamente a cena 1 do roteiro representada de maneira simples, mas eficiente em sua totalidade. Ainda que esteja faltando a descrição do ambiente (ambientação) de maneira mais detalhada, os elementos importantes (banco e lixo) estão presentes no roteiro. Foi preciso explicar para os alunos que, nos casos em que uma pessoa se encarrega de escrever o roteiro e outra se encarrega de transformá-lo em desenho animado, não basta apenas dar informações superficiais. É extremamente necessário ser detalhista na hora de descrever o ambiente e as ações.

Cena 2

Ele se escora na lixeira para descansar e o que está sentado toma refrigerante.

No trecho anterior, podemos notar que o "refrigerante", por falta de melhor maneira de representá-lo, está colorido com uma cor diferente (laranja) da cor do lixo jogado pelo personagem que está de pé (cena 1). Um recurso e uma escolha visual que em nenhum momento sofreu interferência do professor. Ou seja, aqui também está presente a comunicação através das cores e das formas – habilidade que, por questão do tempo disponível, em nenhum momento foi trabalhada especificamente com os alunos; porém, esteve presente em todas as demais produções. Crédito dos alunos.

Cena 3
O que está de pé vai embora.

Cena 4
O que está sentado no banco levanta-se e põe o lixo no lixo, devidamente, como deve ser feito.

O aluno utiliza o *presente* para narrar a ação do personagem como se fosse algo simultâneo ao tempo do leitor e sequencial no tempo da narrativa (uma ação sucede a outra). Essa característica é muito comum em romances.

Podemos perceber também a forma com que é tratado o lixo no caso acima: primeiro como refrigerante; depois, provavelmente com o frasco já vazio, vira lixo. A intenção do aluno, em primeiro dizer que se trata de um refrigerante e que depois este vira lixo, é clara, porém esse tipo de informação não pode ser apreendida da mesma forma por alguém que só assiste ao desenho animado. Esse tipo de reflexão pode ser aproveitado para mostrar aos alunos que as palavras e as imagens não se comunicam da mesma forma. E esse é um bom momento para aprofundar a discussão com os alunos sobre o que deve ser relevante no roteiro para a animação.

Considerações finais

Com base nos materiais e dados coletados durante o período que envolveu esta pesquisa prática de caráter extensionista,[21] podemos fazer algumas considerações finais em relação ao que vimos afirmando neste capítulo. Primeiramente, vale ressaltar que foi apresentada aos alunos da educação básica uma tecnologia emergente com a qual eles nunca tiveram contato (pelo menos não nesse caso, com o uso do programa do Stykz). Segundo, ressaltamos que conceber o texto como foco do processo ensino/aprendizagem implica uma mudança na própria sala de aula. Esta deixa de ser um lugar de transmissão para se tornar um lugar de construção, de interação verbal. Então, temos em tese um lugar onde ocorre o diálogo entre sujeitos – professor e alunos – portadores de diferentes saberes que se confrontam entre si e com os conhecimentos historicamente sistematizados.

Ao longo dos anos, mais especificamente do século XXI em diante, houve grande abertura, nas escolas, para novas tecnologias, sendo a própria internet considerada como aliada das pesquisas escolares e dos professores. Graças a esses avanços, estamos lidando com um novo tipo de letramento, o chamado "letramento visual". Alfabetizar para o mundo imagético é um dos nossos objetivos como docentes do século XXI.

---

21 Pesquisa oriunda do Programa PET – Letras.

Neste capítulo, foi abordado um dos gêneros que compõem o mundo das multimídias (ou "textos multimodais"), o desenho animado. Graças a ferramentas disponíveis para download gratuitamente, hoje, podemos ser criadores de multimídias facilmente. Antes o que estava somente à disposição de profissionais com formação específica, hoje se encontra acessível para quem queira se especializar.

O papel do docente em um primeiro momento é justamente se atualizar em relação às TICs, podendo, assim, estar apto a abordar diversos assuntos da atualidade, além de poder ministrar pequenas oficinas sobre multimídia e, por que não, assumir o papel de "alfabetizador visual".

No que se refere a desenho animado e à sua produção, ainda estamos falando de algo novo na rede de ensino público. Utilizar o desenho animado como produto final, construído a partir da elaboração de roteiros, com ênfase em habilidades tipológicas como, por exemplo, as narrativas e descritivas, é algo que deve ser discutido mais a fundo, inclusive abordando um ponto de vista mais semiótico.

Da mesma forma que Kress e Van Leeuwen (1996) sugerem uma gramática para o letramento visual, procuramos quebrar as barreiras interpretativas entre imagem e texto e transformar essas linguagens em um todo de significado que coexistem.

Através do contato com alunos da educação básica, foi possível perceber que eles estão prontos para o letramento visual: a maioria possui contato com computadores e internet; estão sempre lidando com a linguagem multimídia, ainda que inconscientemente. Esses fatores facilitam na hora de um primeiro contato com novas formas de interpretação de textos multimodais. Porém, será que os jovens realmente reconhecem todos os signos visuais implícitos, como cores, formas, tamanhos, gestos, que também carregam significados importantes? Compreender textos multimodais exige mais que o mero contato com estes; exige conhecimento de mundo, exige capacidade de intertextualidade. É impossível falar de mundo sem citar as tecnologias da informação, não só como meras ferramentas, mas como difusoras do conhecimento e precursoras da globalização. Trabalhar a partir dos pontos de vista semióticos na educação básica ou no ensino médio vem se tornando um requerimento importante para a formação do aluno do século XXI. Na medida em que ignoramos o fato de que o aluno contemporâneo "conhece o mundo" através de imagens e textos, estamos fadados a continuar formando cidadãos que apresentam deficiência de interpretação de textos multimodais – ou seja, um sujeito que apenas "lê o mundo digital" de maneira superficial, e a superficialidade é a principal barreira para o senso crítico.

Quanto às produções dos roteiros e dos desenhos animados dos alunos, podemos concluir que o trabalho foi muito produtivo. Podemos dizer que houve desenvolvimento de competências de linguagem. Os resultados foram plenamente satisfatórios. Mesmo quando um aluno fugiu do modelo de roteiro apresentado pelo professor, notou-se certa habilidade criativa de forma mais livre. Não foi apontado como um erro o desvio desse modelo, desde que o aluno apresentasse um roteiro que subsidiasse o desenho animado produzido. Finalmente, comparando os roteiros com as produções animadas, percebemos que os alunos conseguiram estabelecer relações entre ambos.

Graças a esse "pontapé" inicial, acreditamos ter contribuído para uma reflexão que servirá de base para novas pesquisas e aprimoramento das técnicas aplicadas. Antes de tudo, valorizamos aqui o aluno, não com mero objeto de estudo, mas como principal agente da construção do conhecimento.

Referências bibliográficas

ANDERSEN, Elenice Maria Larroza. *PET – Letras*. Bagé, 2010. Formulário-Síntese da Proposta ao SIGPROJ Edital PET 2010, n. 09, Universidade Federal do Pampa, 2010.

BAKHTIN, M. (1993). *Estética da criação verbal*. São Paulo: Martins Fontes, 1992.

BARROS, Cláudia Graziano Paes de. *Capacidades de leitura de textos multimodais*. Cuiabá, 2009.

BRASIL, Secretaria de Educação Fundamental. *Parâmetros curriculares nacionais*: introdução aos parâmetros curriculares. Brasília: MEC/SEE, 1997.

COSTA, Giselda dos Santos. *Letramento visual*: da Web ao celular. Fortaleza. Disponível em: <http://www.giseldacosta.com.br/public/2024496-LETRAMENTO-VISUAL-WEB-AO-CELULAR.pdf>.

COSTA, Giselda dos Santos. *Multiletramento visual na Web*. Disponível em: <http://www.giseldacosta.com.br/public/6147108-Multiletramento-Visual-na-WEB-UFPE.pdf>.

FERRAZ, Janaína de Aquino. *Gêneros multimodais*: novos caminhos discursivos. Disponível em: <http://www.fflch.usp.br/dlcv/enil/pdf/2_Janaina_AF.pdf>.

KRESS, Gunther; LEUWEEN, Theo van. *Reading Images*: The Grammar of Visual Design. 2. ed. New York: Routledge, 2006.

MARCUSCHI, L. A. Gêneros textuais: definição e funcionalidade: In: DIONÍSIO, Â. et al. *Gêneros textuais e ensino*. Rio de Janeiro: Lucerna, 2002.

MARINHO, M. *A oficialização de novas concepções para o ensino de português no Brasil*. Tese de doutorado em Linguística. Campinas: Universidade Estadual de Campinas, 2001.

NETTO, J. Teixeira Coelho. *Semiótica, informação e comunicação*. 4. ed. São Paulo: Perspectiva, 2007. (Debates, v. 138).

SANTAELLA, Lúcia. *A teoria geral dos signos*: como as linguagens significam as coisas. São Paulo: Pioneira, 2004.

SILVA, Marco (Org.). *Educação online*. 2. ed. São Paulo: Loyola, 2006.

O DESENVOLVIMENTO DO IMPLÍCITO EM PROPAGANDAS TELEVISIVAS: UMA PROPOSTA DE PRODUÇÃO DO GÊNERO EM SOFTWARES LIVRES

Fernanda Luiz Saggiomo*

Aline Lorand**

Introdução

Os estudos da Psicolinguística e da Linguística Textual há alguns anos vêm empreendendo esforços no sentido de mostrar que a leitura, seja de textos escritos, seja de outras modalidades

* Pós-graduanda do curso de Leitura e Escrita e bolsista do Programa de Educação Tutorial PET – Letras (2010-2011). Universidade Federal do Pampa. E-mail para contato: nanda.saggiomo@hotmail.com.

** Doutora em Letras com ênfase em Linguística Aplicada e professora adjunta da Universidade Federal do Pampa. E-mail para contato: alinelorandi@unipampa.edu.br.

(visuais, por exemplo), envolve a união de diversas habilidades cognitivas, que vão muito além da mera decodificação de informações para o processamento das informações, aprendizagem e posterior uso do conhecimento adquirido.

Um texto é formado por diversos níveis de informação, desde o que está explicitamente revelado até níveis em que o leitor insere seu conhecimento, extrai informações não explícitas e tece relações com outros textos. Dessa forma é que o leitor constrói sua relação com o texto, seu entendimento, a partir das pistas deixadas pelo autor.

É sabido que, muitas vezes, no dia a dia da escola, além de não se abordarem outras modalidades senão a escrita de textos, a chamada "interpretação de texto", o trabalho de leitura e de construção de sentidos não vai muito além do que está explicitamente dito. Logo, dificilmente se alcança a efetiva construção de sentidos e se entende a intencionalidade do texto/do autor.

Ainda nessa mesma crítica, em um momento como o que vive nosso país, em que se fornece um computador por aluno nas escolas, os professores, acostumados com o texto escrito, impresso, sem preparo para lidar com tecnologia e para ir além do explícito dos textos, vivenciam mais um contrassenso na história: avança-se por um lado, sem se oferecerem subsídios de formação por outro. Nessa linha de pensamento, situa-se o presente trabalho, visando propiciar ao professor um momento de reflexão sobre essas questões e também oferecer a abordagem de uso de tecnologia para assessorar os processos de ensino e de aprendizagem, por meio da exploração das informações implícitas nos textos, de forma a trabalhar a argumentação.

O objetivo deste trabalho, então, é apresentar uma síntese de um projeto desenvolvido dentro do Programa de Educação Tutorial (PET – Letras), que iniciou suas atividades no segundo semestre de 2010, subsidiado pelo MEC e em parceria com a Universidade Federal do Pampa – Unipampa, campus Bagé.

Esse projeto teve como primeiro objetivo analisar a pertinência e a adequação do uso de programas disponíveis gratuitamente na internet para o desenvolvimento da escrita (Andersen, 2010). Assim, o software escolhido foi o Windows Movie Maker, pois, após análise, foi considerado o mais pertinente para a produção de uma propaganda televisiva, gênero escolhido para o trabalho.

Desse modo, pensou-se em um projeto de ensino em que o aluno aprendesse, de fato, a entender e a utilizar, de forma coerente, o implícito, como forma de persuadir seu interlocutor por meio da produção desse gênero.

Com esse trabalho, procurou-se verificar em que medida o uso de propaganda televisiva e desse software poderia impactar o desenvolvimento da escrita de alunos do 1º ano do Ensino Médio de uma escola pública da cidade de Bagé/RS.

Assim, a escolha do gênero surgiu, primeiramente, por ele ser capaz de propiciar ao aluno uma busca por recursos persuasivos multimodais, não apenas escritos (como em uma propaganda impressa), como os imagéticos e audíveis. Além disso, o fato de esse gênero não ser estático e estar presente no dia a dia das pessoas, pela televisão, também o torna peça fundamental para esse trabalho, visto que é um gênero que faz parte efetivamente na vida dos alunos e que permite uma proposta de ensino não tradicional.

Após a escolha do gênero, pensou-se na habilidade de explorar o uso dos implícitos dentro da argumentação, estimulando a reflexão do aluno dentro de um contexto real de uso. Sabe-se que a argumentação ainda é pouco explorada dentro do ambiente escolar e de sala de aula, havendo um trabalho superficial e sem reflexão apenas no Ensino Médio, que ignora, na maioria das vezes, o papel do implícito dentro dessa habilidade. Desse modo, buscou-se refletir acerca do uso dos implícitos como recurso argumentativo dentro de um gênero de circulação social entre os alunos.

Assim, esse trabalho nasceu com o intuito de, por meio da demonstração do uso de softwares, juntamente ao trabalho com o implícito nos textos, reverter a imagem negativa que muitas escolas e muitos professores ainda têm acerca do uso de tecnologias, como a internet, no âmbito escolar. Acredita-se, na perspectiva desta pesquisa, que o giz e o quadro negro, certamente, *podem* ser excelentes recursos, se o professor souber explorar suas possibilidades; entretanto, atualmente, não existe dúvida de que a internet, com todo o seu potencial de recursos, fornece inúmeros outros benefícios à aprendizagem.

Atualmente a internet e as tecnologias permitem ao aluno um contato com o mundo externo à escola e à comunidade, trazendo inúmeras possibilidades de aprendizagem por meio da interatividade. Desse modo, com o uso de recursos propiciados por essas ferramentas, entende-se que o professor pode despertar o seu aluno para o reconhecimento do caráter dinâmico e real da língua, visto que a tecnologia também permite uma abordagem dinâmica do conhecimento.

Espera-se, com este trabalho, contribuir para pesquisas sobre o uso das tecnologias de informação e da comunicação no ensino e a utilização de softwares para o uso pedagógico, e, desse modo, fomentar a inclusão digital na educação básica de Bagé e de municípios circunvizinhos.

Portanto, o presente texto relatará, brevemente, o trabalho realizado com o Software Windows Movie Maker para a produção de propagandas televisivas que utilizem os implícitos para sustentar a sua argumentação. Para tanto, em primeiro lugar, será revelada a fundamentação teórica que fez com que esse trabalho se solidificasse, para, então, partir para o relato da experiência em sala de aula.

1. Fundamentação teórica

Tendo em vista um trabalho que lida com a produção de gêneros na escola, perpassar-se-á, antes da descrição do projeto em si, por algumas questões relacionadas ao ensino, ao gênero escolhido para o trabalho e sobre a questão dos implícitos como recurso argumentativo.

1.1 Língua, ensino de Língua Portuguesa nas escolas e o uso das tecnologias para o ensino

Os Parâmetros Curriculares Nacionais (PCNs) e seu reflexo no ensino têm sido um dos principais temas de debate no âmbito educacional atualmente, visto que eles surgiram a partir de uma busca de melhorias na qualidade da educação brasileira, que ainda se encontra voltada para concepções tradicionais, as quais fragmentam e descontextualizam o ensino. Dessa forma, esse desacerto existente entre, por um lado, os PCNs e pesquisas acadêmicas na área de linguística e, por outro, a prática de ensino nas salas de aula de Ensino Fundamental e Médio consiste em um dos grandes desafios tanto para a formação de profissionais na área do ensino quanto para os alunos, que se veem diante de um abismo quando têm de mostrar o que desenvolveram ao longo dos anos escolares em um exame como o ENEM (Exame Nacional do Ensino Médio).

Os PCNs entendem a língua portuguesa "como língua materna geradora de significação e integradora da organização do mundo e da própria interioridade" (BRASIL, 1999, p. 20), apresentando, assim, uma proposta de trabalho que valoriza a participação reflexiva e crítica do aluno ante a sua língua, do uso para a reflexão, que volta para o uso, e apresenta as variedades e pluralidades das situações comunicacionais com o que o aluno pode e deve lidar com eficiência.

Entretanto, para que essa proposta dos PCNs efetive-se, é necessário "mudar a concepção de língua e de ensino na escola" (GERALDI, 2006, p. 32), visto que o ensino reflexivo ainda se encontra distante do que se observa nas escolas, já que a língua portuguesa é trabalhada de forma descontextualizada e artificial.

Segundo Leite (2004), as aulas de Língua Portuguesa sempre centraram no ensino abstrato e mecanicista da língua, norteada pela gramática normativa, esquecendo que a língua é "heterogênea, variável e mutante, sujeita às vicissitudes e peripécias da vida em sociedade" (BAGNO, 2007, p. 116). Desse modo, é necessário mudar essa concepção de ensino, pois é fundamental que o professor saiba lidar com a maleabilidade da língua em sala de aula, estimulando o seu aluno a refletir sobre a língua através de situações reais de uso.

Portanto, uma das principais metas foi ultrapassar essa simulação de língua, para que, dessa forma, o aluno seja um sujeito ativo no processo de aprendizagem. De acordo com Geraldi (2006), o ensino de Língua Portuguesa deve focar a leitura e a produção de texto, além da análise linguística, a fim de tentar ultrapassar essa mecanicidade do uso da língua nas salas de aula e, desse modo, possibilitar o domínio efetivo da língua-padrão em situações concretas de interação, tanto na modalidade escrita quanto na oral.

Em contraponto a essa proposta reflexiva de ensino que os PCNs apresentam, encontramos o "motivo" no qual os professores se apoiam, como pretexto dessas práticas tradicionais de ensino: as formas avaliativas dos vestibulares e concursos vigentes em nosso país. O argumento é de que essas formas avaliativas exigem/exigiam, em grande parte, apenas um conhecimento mecânico da língua e a prática da tradicional "redação", tão solicitada no Ensino Médio, em que os alunos não veem outro objetivo a não ser aprender as técnicas para o vestibular. Cabe salientar que, hoje em dia, mesmo os vestibulares já estão assumindo posturas menos tradicionais e mecanicistas.

Logo, cabe ao professor rejeitar o automatismo de certas práticas, priorizando aquelas em que o aluno se coloque como sujeito de uma situação em que tenha, de fato, o que, para que e para quem dizer alguma coisa (GERALDI, 2006), pois "a linguagem é vista como um lugar de interação humana" (GERALDI, 2006, p. 43).

Entretanto, a mudança na forma tradicional de entender o ensino encontra respaldo em avaliações como as do ENEM, por exemplo, que é aplicado aos alunos que estão concluindo o Ensino Médio. O ENEM é um exame contextualizado e interdisciplinar, no qual o candidato precisa colocar em prática os conhecimentos adquiridos no Ensino Médio, sem ser preciso memorizar um apanhado de conteúdos como é comum em alguns vestibulares. A prova do ENEM faz com que o aluno pense e reflita para a resolução das questões propostas (BRASIL, 2010).

Travaglia, em várias obras, traz reflexões sobre ensino de língua, salientando a importância que há em o professor desenvolver a competência comunicativa dos alunos, em vez de, simplesmente, solicitar a memorização de regras gramaticais, como é feito na grande maioria das escolas. Para Bonilla (2009 apud TRAVAGLIA, 2003), a língua, mais que teoria, é um "conjunto de conhecimentos linguísticos que o usuário tem internalizado para uso efetivo em situações concretas de interação comunicativa". Uma vez que a língua é também a criação de sentidos, torna-se fundamental que o professor seja mediador nesse processo.

Com base no elencado, sobre o papel da língua como a criação de sentido e do papel do professor como mediador nesse processo, eis que surge o uso das tecnologias como uma ferramenta que mostra ao professor o grande leque de possibilidades metodológicas oferecidas por essas tecnologias nos dias de hoje.

Não há uma fórmula pronta que ensine o professor a melhor forma de utilizar tecnologias em sua aula. Apresentar-se-á um exemplo, que poderá ser modificado, com base no contexto social em que a turma está inserida, visto que o

> [...] uso do meio digital como ferramenta cultural instaura novas formas de comunicação, de organização de mensagens e de processos cognitivos entre seus usuários, implicando um redimensionamento dos processos de ensino-aprendizagem nele ocorridos (FIALHO, 2005, p. 2).

1.2 O gênero "propaganda televisiva" e o seu ensino

Com base nas Diretrizes Curriculares de Língua Portuguesa (PARANÁ, 2008, p. 60), que afirma que "o estudo da língua que se ancora no discurso, ou texto, extrapola o tradicional horizonte da palavra e da frase", foi que este trabalho nasceu, a fim de extrapolar o tradicional e fazer o aluno aprender mais sobre a língua por meio de um discurso real, rompendo com esse horizonte do ensino mecanicista focado no estudo de frases isoladas, fora de contexto. Acredita-se que com o desenvolvimento da "propaganda televisiva", que está inserida no cotidiano do aluno, o trabalho em sala de aula pode tornar-se muito agradável e produtível (CONSOLI, 2007).

Segundo Bonilla (2009), é necessário desenvolver uma prática da leitura de textos, em especial de propagandas televisivas, nas aulas de Língua Portuguesa, uma vez que a leitura é condição básica para acesso à cultura e à participação do indivíduo nos diferentes espaços sociais. O autor acredita que, ao se propor o desenvolvimento desse gênero em sala de aula, "estar-se-á garantindo o contato do educando com a pluralidade de significados através dos mais diversos signos linguísticos e promovendo o processo de interação entre o indivíduo e o mundo que o cerca" (BONILLA, 2009, p. 1).

Portanto, a propaganda televisiva foi desenvolvida com base na teoria de Consoli, que afirma que o gênero propaganda é altamente "digerível" por sua beleza, tamanho e aceitabilidade. Com o desenvolvimento desse gênero, pretende-se fazer com que o aluno posicione-se como emissor de uma propaganda (em vídeo) para exposição na escola e para futura divulgação da internet (destinatário real), pois, como Console (2007, p. 10) afirma, "a grande dificuldade do ensino da redação consiste na falta de necessidade em se usar o texto e, por isso, na sua falta de motivação. O texto publicitário há de ser uma das possibilidades de treino da produção de textos".

É importante salientar que este trabalho visou ir além do estudo e da produção de uma propaganda estática, ou seja, almejou desenvolver um estudo de propagandas televisivas, utilizando os recursos que a internet dispõe para tal trabalho, para o desenvolvimento da linguagem escrita, levando em consideração a argumentação e o uso do implícito para a efetivação desta.

Segundo Consoli (2007), o discurso publicitário torna-se muitas vezes um instrumento de controle social, visto que ele é constituído, não raro, de uma linguagem sedutora e atraente, devido a seu caráter persuasivo. Dessa forma, a proposta deste projeto visou à produção de uma propaganda televisiva que instigue o aluno a desenvolver o uso do implícito, para elaborar uma argumentação que promova a "adesão dos espíritos".[1] O intuito é que o aluno perceba que uma mera entonação de voz

[1] Esse termo é utilizado por Perelman e Olbrechts-Tyteca, para expressar uma ideia de adesão/aceitação dos "espíritos", isto é, dos sujeitos a uma determinada argumentação (PLANTIN, 2008, p. 46).

pode transformar o sentido de um texto, ou que a simples inversão de um adjetivo pode modificar o significado de uma frase.

A partir dessas considerações, nota-se a grande importância que há em um trabalho reflexivo e prático acerca da língua para a formação crítica do aluno, pois se acredita que:

> [...] a educação para os meios de comunicação, mais precisamente na área da publicidade, contribuirá então para a formação de um leitor capaz de posicionar-se criticamente diante das mensagens transmitidas, reconhecendo que elas não são neutras, já que marcadas por uma série de interesses (CONSOLI, 2007, p. 1).

1.3 Habilidade: o uso dos implícitos para argumentar

A habilidade explorada neste trabalho foi relativa à argumentação. Almeja-se que o aluno aprenda a utilizar recursos implícitos para conseguir, de fato, a adesão do público. Entretanto, para desenvolver a argumentação em sala de aula, é preciso conhecer um pouco acerca de sua teoria.

Neste trabalho, será utilizada a proposta de Perelman e Olbrechts-Tyteca (1996), mais especificamente o Tratado da Argumentação (TA), cujo enfoque é "o estudo das técnicas discursivas que permitem provocar ou aumentar a adesão dos espíritos às teses que propomos a seu assentimento" (PERELMAN; OLBRECHTS-TYTECA, 1996, apud PLANTIN, 2008, p. 46). Essa teoria parte do princípio de que uma argumentação eficaz:

> [...] é aquela que consegue incrementar a intensidade de adesão, de modo a desencadear entre os ouvintes a ação visada (ação positiva ou abstenção), ou de modo a pelo menos criar, entre eles, uma disposição para a ação, que se manifeste no momento oportuno (PERELMAN; OLBRECHTS-TYTECA apud PLANTIN, 2008, p. 46).

Essa perspectiva busca mostrar que a argumentação está presente em todos os níveis enunciativos, seja em debates, seja em discussões familiares, acreditando que todo argumento almeja ser aceito como "conhecido por todos".

Segundo Koch (1984), a potencialidade argumentativa revela-se por meio de marcas linguísticas que permitem indicar a orientação argumentativa dos enunciados, estabelecendo, dessa forma, as relações discursivas. Portanto, este trabalho esperou fazer com que o aluno, ao propor sua propaganda televisiva, desenvolvesse argumentos que fossem conhecidos e aceitos por todos, usando o implícito como marca linguística.

Segundo Koch (1984), a implicitação abrange uma área muito ampla, e ela a subdivide em: *implícito baseado na enunciação*; *implícito baseado no enunciado* (inferência); e o *implícito do enunciado* (correspondente à pressuposição linguística de Drucrot), que consiste em "algo intermediário entre o dizer e não dizer, que constitui uma forma de significação contida de modo pressuposto no enunciado, em oposição àquilo que é posto" (KOCH, 1984, p. 27). A partir deste estudo, espera-se que o aluno aprenda a diferença entre o mostrar (implícito) e o dizer (explícito).

Com base na teoria abordada por Koch é que surgiu este trabalho envolvendo a reflexão acerca do uso dos implícitos, a fim de fomentar a argumentação, dentro do gênero "propaganda televisiva", pois se acredita que "não basta conhecer o sentido literal das palavras ou sentenças de uma língua: é preciso saber reconhecer todos seus empregos possíveis que podem variar de acordo com a intenção do falante e circunstâncias" (KOCH, 1984, p. 27).

2. Metodologia

2.1 Escolha do programa adequado

Este estudo consistiu em uma pesquisa qualitativa, tendo em vista que se concentrou em compreender um determinado acontecimento de forma aprofundada, não a partir da quantidade dos dados, mas das particularidades que os dados coletados evidenciaram. Somado a isso, partiu-se do pressuposto teórico de que "Dela [pesquisa qualitativa], faz parte a obtenção de dados descritivos mediante contato direto e interativo do pesquisador com a situação objeto de estudo" (NEVES, 1997, p. 1).

Para a efetivação deste trabalho, primeiramente, foi realizado um levantamento de softwares livres, disponíveis na internet, que permitissem a produção da propaganda televisiva, para, assim, ser possível selecionar os softwares mais adequados, com base nos seguintes critérios:[2] usabilidade, navegação, interface e recursos de criação, conforme propostos por Andersen (2010b). Neste levantamento de softwares, foram selecionados os seguintes: *YouTube Movie Maker* e *Windows Live Movie Maker* (respectivamente representados nas figuras abaixo).

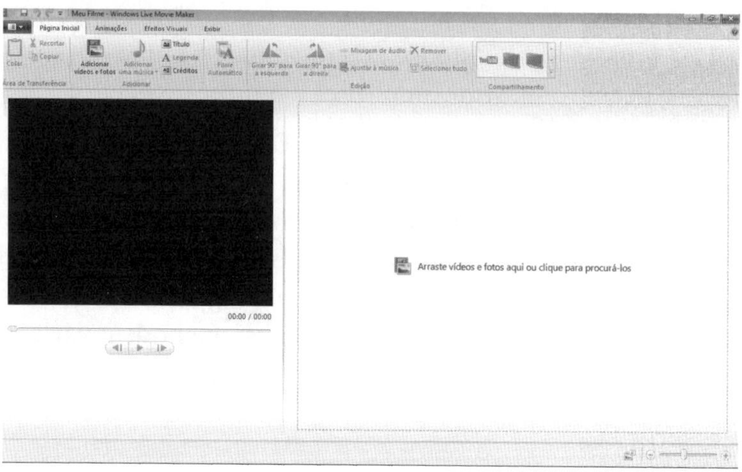

Figura 1. *YouTube Movie Maker.*

[2] Esses critérios e também sua pontuação (que será apresentada posteriormente) foram estabelecidos no projeto-modelo para as pesquisas desenvolvidas no PET (ANDERSEN, 2010b). No anexo 01, é possível ver a tabela com esses dados e, assim, melhor compreender a análise do software.

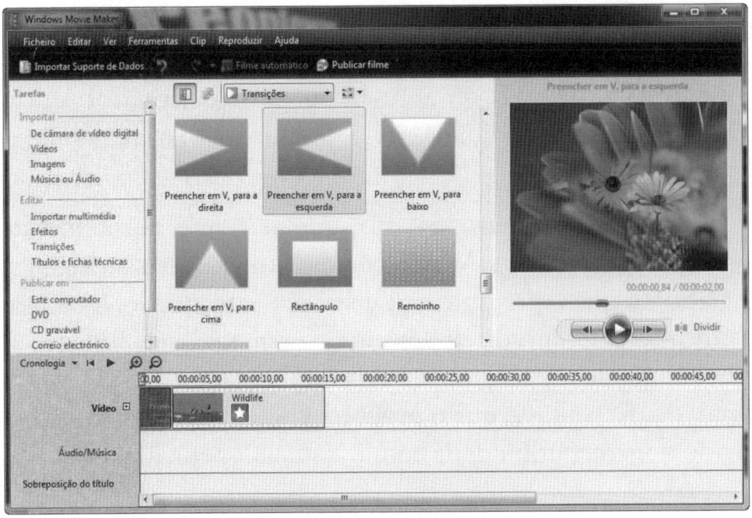

Figura 2. *Windows Live Movie Maker.*

Posteriormente, foi efetivada uma descrição qualitativa dos softwares selecionados, para verificar em que medida o uso de determinado programa pode impactar no desempenho do aluno, no que se refere à produção da propaganda, bem como ao desenvolvimento da habilidade argumentativa.

Neste estudo, levaram-se em consideração vários recursos de que uma propaganda televisiva necessita, tais como: imagem, sonoridade e escrita. Com base nesses recursos, foi feita uma análise, a fim de verificar qual programa livre atenderia melhor às necessidades da atividade para um posterior trabalho em sala de aula.

Por meio dessa análise, foi preciso trocar a versão do Windows Live Movie Maker para sua versão mais antiga, o Windows Movie Maker, pelo fato de a versão mais recente não ser compatível com o sistema operacional Windows XP.

A análise também mostrou que o software Windows Movie Maker é mais adequado para a realização desse tipo de atividade que o outro software em estudo, o YouTube Movie Maker, pois, embora os dois programas sejam aparentemente semelhantes, o Windows Movie Maker apresentou, entre os critérios utilizados, uma maior usabilidade, além de uma melhor qualidade de navegação.

Quanto ao primeiro critério, que se refere à usabilidade, o programa Windows Movie Maker atingiu pontuação 3,[3] o que aponta que o programa e/ou serviço é adequado. Essa nota justifica-se pelo fato de ele ser um componente que pertence ao sistema operacional Windows e, por tal razão, não é necessário instalá-lo. Ressalta-se que o programa não atingiu nota máxima devido à incompatibilidade com o sistema operacional Linux.

Ainda nesse quesito, o software YouTube Movie Maker atingiu pontuação 1, ou seja, o programa não é adequado. Essa nota deve-se à dificuldade de instalá-lo, não sendo compatível com os sistemas operacionais: Windows XP e Linux, apenas com o Windows superior à versão XP.

Nos critérios: navegação, recursos de criação e interface, o software Windows Movie Maker atingiu nota 4, o que significa que o programa é plenamente adequado. Esse software atingiu essa pontuação pois se apresentou de fácil utilização, já que possui uma interface de fácil manuseio, além de recursos de criação necessários para a produção almejada. Nesse software, a cada passo, são oferecidas opções para criar efeitos, textos (que será um recurso importante para a produção), para inserir imagens ou vídeos. Com esse programa, é possível visualizar o andamento do processo e a produção do vídeo no monitor, que está localizado na parte direita da tela, e ajustar os detalhes do movimento e do tempo diretamente na linha do tempo, situada na parte inferior do programa. Além dessas vantagens, o programa utiliza o português como idioma padrão, o que facilita o trabalho do aluno.

[3] Os critérios e sua pontuação podem ser averiguados no anexo 01.

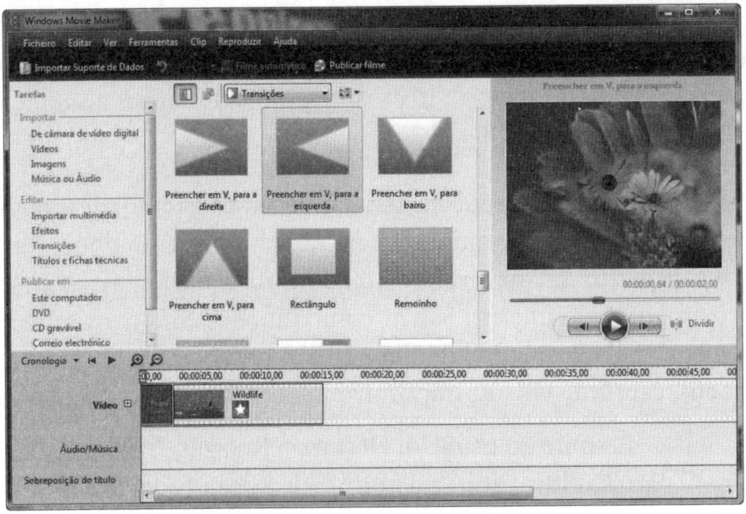

Figura 3. Visualização da tela do *Windows Movie Maker.*

Ainda utilizando o critério de navegação, o software *YouTube Movie Maker* atingiu nota 1, pois, além de o software ter como idioma padrão o inglês, o que possivelmente dificultaria a compreensão de seus comandos por um aluno que desconhece essa língua, sua interface é confusa e de difícil manuseio.

Com base nesses critérios, já preestabelecidos no projeto, adotou-se o programa *Windows Movie Maker* como programa-padrão para o desenvolvimento do presente estudo.

2.2 Definição do software

O software, como foi elencado no subitem anterior, é uma ferramenta de fácil acesso, já que ele vem instalado no próprio sistema operacional *Windows XP*. Quanto ao seu manuseio, ele é prático e objetivo.[4] Basicamente, seu menu está dividido em:

[4] Neste link há um tutorial que explica detalhadamente o uso do software: <http://www.tutomania.com.br/tutorial/tutorial-avancado-de-windows-movie-maker>.

parte superior (que possui duas linhas com informações para acesso), parte central (tarefas, coleções e visualizador) e parte inferior (linha do tempo), itens que serão detalhados a seguir.

Na primeira linha há os seguintes botões:

Arquivo : Nesse menu, há uma série de possibilidades, como Novo Projeto (que permite o início de um novo trabalho); Abrir novo projeto; Salvar projeto (faculta ao usuário salvar o seu projeto, quando quiser); Salvar como (abre opções para salvar o projeto); Salvar arquivo de filme (permite salvar em formato de vídeo), capturar vídeos, importar para coleções e propriedades.

Editar Permite ao usuário: Desfazer; Refazer; Copiar; Recortar; Colar; Excluir; Editar Título; Selecionar tudo; Renomear; Limpar Storyboard;[5] Procurar arquivo que está faltando.

Exibir Apresenta as seguintes opções de visualização: Linha do Tempo; Ampliar; Reduzir; Ajustar zoom; Visualizar tamanho do monitor; Tela inteira; Barra de ferramenta; Barra de status; Painel de tarefas; Coleções; Miniaturas; Detalhes; Organizar ícones por...; Pasta Meus Vídeos.

Ferramentas Apresenta os seguintes recursos: Filme automático; Títulos e créditos; Efeitos de vídeo; Transição de vídeo; Capturar imagens de visualização; Criar clipes; Narrar linha do tempo; Níveis de áudio; Pasta Coleções e Opções.

Clipe Oferece algumas opções para melhoria do clipe, tais como: Adicionar storyboard; Áudio; Vídeo; Definir pontos de corte inicial; Definir pontos de corte final; Limpar pontos de corte; Dividir; Combinar; Deslocar para a esquerda; Deslocar para a direita; Propriedades.

[5] Com esse comando é possível limpar, ou seja, excluir os dados que estejam na Linha do Tempo/Storyboard.

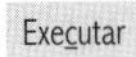

Nesse menu é possível: Executar clipe; Parar; Executar storyboard; Retroceder storyboard; Avançar; Voltar; Quadro anterior e próximo quadro.

Oferece diversas opções de ajuda e informações ao usuário, através dos seguintes tópicos: Tópicos de ajuda; *Windows Movie Maker na Web*; Declaração de Privacidade e Sobre o *Windows Movie Maker.*

Já na segunda linha há os seguintes botões:

 Novo projeto

 Abrir Projeto

 Salvar projeto

 Desfazer ou refazer

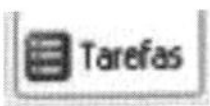

Mostrar ou ocultar o painel de tarefas

Abrir coleções já existentes

Adicionar efeitos de transições no vídeo

 Um nível acima

 Pasta Nova Coleção

 Modo de exibição

Logo abaixo das linhas, é possível verificar, na parte esquerda da tela, que há um pequeno menu que apresenta as "Tarefas de Filmes", as quais auxiliam o usuário na construção de seu filme, mostrando passo a passo como fazer, como se observa na Figura 4.

A parte central da página é o lugar em que encontramos nossas coleções, ou seja, nossas imagens, vídeos e/ou sons. Nesse espaço, o usuário pode adicionar ou excluir itens, bem como arrastá-lo para linha do tempo.

Já no canto direito há uma tela em que é possível visualizar o andamento da produção, sendo possível assistir a cada segundo com som e imagem, como um vídeo já concluído.

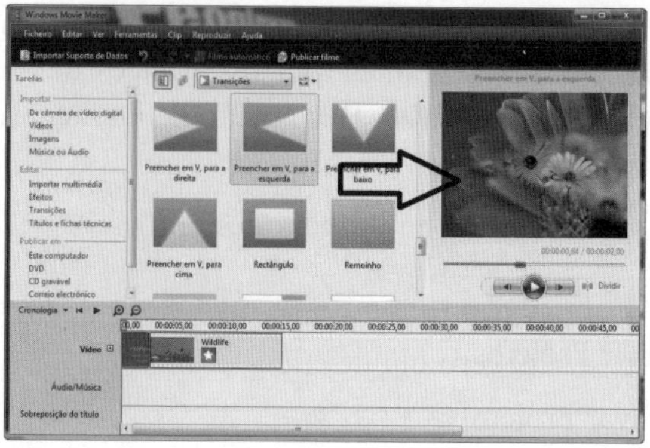

Figura 4. Menu que apresenta as "Tarefas de Filmes".

Na parte inferior do programa (vide figura 5), há uma Linha do tempo. Nela é possível controlar a sequência de imagens e os sons a cada segundo, dispondo o vídeo da maneira que se julgar pertinente. Na parte superior da Linha do Tempo, há os seguintes botões (respectivamente): Definir níveis de áudio; Narrar Linha do Tempo; Mais zoom ou menos zoom na Linha do Tempo; Retroceder e executar storyboard e mostrar Linha do Tempo.

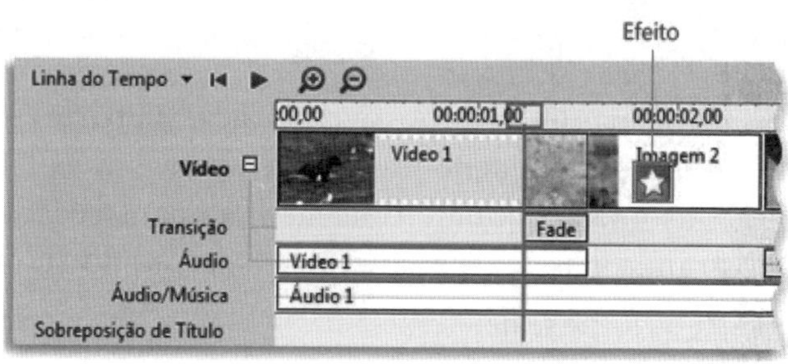

Figura 5. Linha do Tempo.

3. Relato de uma experiência

3.1 É hora de investigar

O Programa de Educação Tutorial desenvolve atividades de pesquisa, ensino e extensão. Na execução do presente trabalho, atendeu-se à pesquisa e ao ensino, sendo que a extensão será a próxima etapa, que consistirá em um curso ministrado, via *moddle*, para professores da área.

Amparado por leituras sobre as mídias em sala de aula, as tecnologias e os seus benefícios para o ensino, o trabalho seguiu à procura de um gênero que se encaixasse no padrão que havia sido planejado no PET, e de programas livres que seriam pertinentes para se trabalhar com esse gênero em uma sala de aula. Decidiu-se, então, por trabalhar com a propaganda televisiva, por ser acessível à grande maioria da população, mas que é muitas vezes incompreendida ou aceita sem questionamentos/reflexões por muitos, exatamente, por não perceberem os inúmeros implícitos impregnados, utilizados para persuadir os receptores. Logo, encontraram-se os programas, já discutidos anteriormente, para, enfim, produzir-se um projeto de ensino, que será relatado na próxima seção.

O tema que seria trabalhado na escola foi outro objeto de investigação. Como se almejou, desde o início, trabalhar com o Ensino Médio de uma escola da periferia da cidade de Bagé, pensou-se que um tema interessante seria o uso do cigarro. A escolha desse tema foi guiada pensando-se em um público adolescente de aproximadamente 16 anos. Essa escolha justifica-se pela necessidade que há de se desenvolver, com esse público, atividades de reflexão e de conscientização dos malefícios causados pelo cigarro, tanto para os fumantes ativos como para os passivos, em função do alto índice de jovens que, a partir das oportunidades que lhes são oferecidas de conhecer e de experimentar o cigarro, acabam adquirindo o vício dessa droga que, embora seja lícita, pode trazer diversas consequências danosas no futuro.

3.2 É hora de aplicar

3.2.1 *Elaboração do Projeto de Pesquisa*

Quanto à elaboração do projeto, a intenção foi investigar em que medida o uso do software poderia contribuir para a compreensão e reflexão acerca da propaganda televisiva e, principalmente, da utilização de implícitos, com intuito de argumentar a partir do gênero.

Após a análise do software, elaborou-se, então, um projeto de ensino para ser aplicado em uma escola da rede pública da região. Nesse projeto de ensino, utilizou-se o programa Windows Movie Maker como ferramenta para a produção das propagandas televisivas.

Almejou-se, com o desenvolvimento do projeto, despertar no aluno uma reflexão acerca da utilização dos implícitos dentro de propaganda televisiva, de forma que, além de o sujeito saber se posicionar criticamente ante esse gênero, ele seja, também, capaz de compreender a estrutura e produzir sua própria propaganda televisiva, usando os implícitos como forma de persuadir o leitor, para, então, difundir seu trabalho em meios digitais (como *YouTube*) e na escola.

Como já citado anteriormente, este trabalho é de cunho qualitativo, pois o enfoque será o sujeito. Assim, procurou-se buscar não apenas dados quantitativos, mas entender os processos de aprendizagem e de reflexão de cada aluno, conforme será apresentado no próximo subitem.

3.2.2. *Aplicação do Projeto de Ensino*

O Projeto de Ensino foi aplicado em uma escola estadual de Educação Básica da periferia da cidade de Bagé. No primeiro contato com a escola, foi apresentado o plano de trabalho e houve grande aceitação por parte da direção/coordenação, que selecionou uma turma exatamente pela escolha do tema (o uso do cigarro). Antes de iniciar a aplicação, deixaram claro que a turma era constituída de "repetentes" do primeiro ano do Ensino Médio e que cerca de 90% da turma era formada por fumantes ativos, reafirmando, assim, a razão de ter escolhido essa turma para trabalhar com o tema em questão.

Em conversa com a professora da turma, aqui chamada de Profª M. H., foram combinadas as atividades, o número de horas para a realização do projeto e os detalhes relacionados à divulgação do trabalho na escola e na internet.

Ao iniciar a aula, os alunos foram encaminhados à sala de informática, pois lá estariam instalados os recursos para visualização dos primeiros vídeos. Eles assistiram a um vídeo de conscientização sobre os malefícios do cigarro.[6]

A partir desse vídeo, foi iniciada uma discussão acerca do cigarro e do prejuízo à saúde, explorando, também, a questão do implícito, abordando questões, como: O que vocês acabaram de assistir? Que mensagem esse vídeo trouxe para você? O que mais chamou a atenção? Por quê? Em sua opinião, esse tipo de propaganda pode influenciar alguém a parar de fumar? Por que você afirma isso?

---

6 No planejamento estava previsto trabalho apenas com as propagandas televisivas, mas, devido ao grande número de alunos fumantes, foi preferível trabalhar, primeiramente, com um vídeo/campanha com duração um pouco maior, instigando, um pouco mais, a reflexão sobre o assunto e a discussão acerca dos implícitos. Disponível em: <http://www.youtube.com/watch?v=wPBdVxbyl2E>.

Com isso, muitos alunos assumiram-se fumantes e afirmaram que se, de fato, soubessem de todos os malefícios citados no vídeo nunca teriam experimentado. Uma aluna, inclusive, afirmou: "Comecei a fumar porque fui imatura, só tinha 13 anos. Hoje tô com 17 e me arrependo, porque eu não consigo parar, mesmo sabendo disso tudo" (sic). Assim, a discussão teve um saldo positivo, pois todos os fumantes presentes na aula participaram dessa conversa, demonstrando certo nível de conscientização e, em alguns casos, até o desejo de parar de fumar.

Após essa primeira abordagem do tema, iniciou-se o trabalho com implícitos. Explicou-se, por meio de exemplos, o que eram explícito e implícito. Após essa conversa, começou-se a questionar acerca do uso do implícito dentro do vídeo. Por exemplo, em certo momento, o vídeo foi pausado, aos 25 segundos, e perguntou-se: "O que esse trecho mostra pra vocês?". E um aluno respondeu: "Que o cigarro mata". Então se questionou por que ele pensava assim, e ele respondeu: "Porque ele reflete uma caveira e caveira significa a morte". Com isso, prosseguiu-se instigando e estimulando a reflexão dos alunos acerca do tema e do uso dos implícitos.

Após essa reflexão, introduziu-se o gênero proposto (propaganda televisiva), apresentando outro vídeo.[7] Logo, seguiu-se um questionamento acerca do tipo vídeo, e alguns responderam. Após ouvirem-se as hipóteses dos alunos, iniciou-se uma construção conjunta sobre a definição do gênero, com base no que eles afirmaram, e criamos um *brainstorming* com as características do gênero propaganda televisiva. Um aluno, inclusive, comentou: "Essa propaganda é mais curta que a outra, porque é pra passar na TV. Que nem comercial".

---

[7] Disponível em: <http://www.youtube.com/watch?v=u12EDMoBLYU&feature=youtu.be>.

Em suma, foi possível perceber que a turma compreendeu o que é implícito; entretanto, foi notável certa dificuldade dos alunos em apresentarem o que está dito nas entrelinhas, sem uma mediação e questionamentos norteadores. Quanto à temática, percebeu-se uma aceitação geral, todos estavam interessados no assunto. No que se refere ao gênero, os alunos conseguiram captar e externar oralmente as principais características. Além disso, ao propor uma produção de propagandas televisivas que abordem o assunto em questão, todos os alunos demonstraram grande motivação e interesse.

No dia seguinte de aplicação do projeto, relembrou-se com a turma o que se havia discutido na aula anterior. Passou-se à explicação sobre o funcionamento de um roteiro, pois ele seria uma forma de organizar a produção da propaganda televisiva.

Explicou-se que o roteiro seria a base para a produção da propaganda televisiva contra o uso do cigarro. Expliquei que essa produção seria publicada na internet (via *YouTube*) e divulgada na escola em um projeto que a coordenação desenvolveria posteriormente acerca dos malefícios do tabagismo. Enfatizou-se para os alunos fumantes que, nessa propaganda, eles deveriam revelar tudo que gostariam de ter descoberto antes de fumarem pela primeira vez, ou seja, fatos que desestimulassem as pessoas a experimentar o cigarro. Além disso, salientou-se que as propagandas deveriam conter implícitos que os ajudassem a argumentar acerca da ideia proposta.

Com isso, construiu-se um *brainstorming* contendo as respostas dos alunos acerca de perguntas como: O que é um roteiro? Como podemos organizá-lo? Assim, todos chegaram ao consenso de que o roteiro precisa estar dividido em passos, descrevendo o que cada "cena" mostrará, pensando nas imagens, leiaute, sonoridade, texto escrito etc.

Desse modo, eles começaram a produzir o roteiro no programa *Word*. Salienta-se que a intenção não era produzir o roteiro no Word, mas, devido à sugestão dos alunos, por causa de algumas dificuldades, o trabalho do roteiro concretizou-se nesse software.

Com base nesse contexto instaurado em aula, torna-se interessante ressaltar que, diferentemente do que muitos professores pensam, os alunos podem (sim!) gostar de produzir textos, porém é preciso criar situações novas, reais e estimulantes para a escrita. Essa situação revelou uma possível desmotivação dos alunos para escrever, talvez pelo fato de a escrita estar sempre ligada ao papel e à entrega para o professor corrigir, sem um contexto social de uso. Dessa forma, acredita-se que esse trabalho estimulou, de fato, a escrita, pois os alunos puderam inserir-se em uma situação de escrita real, já que foram trabalhados o "o quê", "para quê" e "para quem escrever".

Com esse trabalho, percebeu-se que todos dominavam o uso do computador, inclusive todos os roteiros produzidos continham as imagens que o grupo iria utilizar em sua propaganda. Porém, notou-se uma grande dificuldade na formulação de frases coesas, coerentes e, principalmente, que utilizem o implícito para argumentar acerca de determinada situação. Por esse motivo, foi preciso intermediar esse processo de escrita, promovendo questionamentos e sugestões para os grupos, estimulando-os a perceberem a utilidade do uso de implícitos, para que se procedesse à produção.

A Figura 6 traz um exemplo de um trecho do roteiro de um grupo, em que se pode observar a preocupação em organizar em itens, contendo a imagem e o texto.

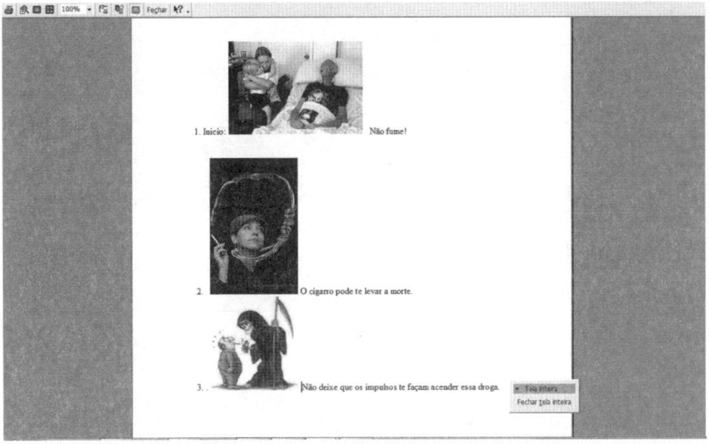

Figura 6. Exemplo de construção de roteiro pelos alunos.

No terceiro dia de atividades, iniciou-se a aula, apresentando o programa *Windows Movie Maker*. Alguns alunos já o conheciam, outros não. Para explicar cada passo da produção, conectou-se um computador ao projetor de *slides* e manuseou-se o programa, solicitando aos alunos que fizessem o mesmo. De modo geral, todos conseguiram manipular bem o programa. A seguir, é possível ver algumas imagens das produções.

Figura 7. Exemplo de produção dos alunos.

Figura 8. Exemplo de produção dos alunos.

Figuras 9 e 10. Exemplos de produção dos alunos.

Essas imagens são trechos extraídos das produções. Com elas, pode-se ver que conseguiram atender à proposta. Utilizaram diversos recursos, inclusive recursos imagéticos aliados aos textos escritos, para trabalhar os implícitos.

Ao final, foi entregue um questionário, contendo questões, visando avaliar o gênero propaganda televisiva e o programa *Windows Movie Maker*, e um termo de consentimento para divulgação da Produção.

3.2.3 *Quais foram os resultados?*

O projeto não alcançou todos os resultados pretendidos, devido ao curto tempo de trabalho, mas com certeza atingiu um saldo positivo na vida escolar daquela turma, além de revelar diversas informações de grande relevância. É possível dizer que o uso das propagandas televisivas e do software *Windows Movie Maker* impactou, de certa forma, o desenvolvimento da escrita.

Esse trabalho propiciou aos alunos um momento de reflexão acerca da língua e de seu real uso, momento este que, até então, nunca havia sido proporcionado àquela turma. É claro que existe todo um contexto escolar tradicional envolvido, uma forma de trabalhar a língua que se afasta do real e uma concepção, às vezes equivocada, de que os alunos não gostam de escrever. Isso conduz ao questionamento sobre se simplesmente eles não gostam de escrever ou não conseguem escrever sem um contexto, um destinatário real, uma situação comunicativa, um objetivo. Como Geraldi (2006) afirma, é preciso que o aluno esteja inserido em contextos reais de escrita. Acredita-se, ao final deste trabalho, que houve um verdadeiro interesse da turma em participar, dialogar sobre o assunto e produzir, sem pensar na questão avaliativa.

Quanto ao uso do software, acredita-se que a escolha foi pertinente. O software apresentou-se acessível à turma, o que corrobora os critérios de escolha definidos neste trabalho. Além disso, houve uma visível motivação por parte dos alunos, e isso se acentuou ao perceberem que eles seriam autores de propagandas televisivas, que estariam disponíveis na internet e entre seus colegas de escola.

Outro ponto a ser levantado é a questão do interesse em estar na sala de informática, de produzirem textos digitais, de sair da rotina da escrita no caderno, sem objetivo definido, sempre dentro daquele mundo da sala de aula, visto, por muitos, como tortuoso. Os alunos estão pedindo mudanças, e cabe aos professores, entendidos aqui como professores pesquisadores, a responsabilidade de propiciar essa quebra da rotina, tornar nossas aulas de Língua Portuguesa cada dia mais motivadoras e atrativas.

No que se refere aos gêneros, primeiramente produziu-se o roteiro e, embora tenha sido trabalhado superficialmente, devido ao curto espaço de tempo, percebeu-se que os alunos conseguiram compreender o objetivo e as estruturas básicas desse gênero. Eles, inclusive, tiveram a ideia de inserir as imagens que seriam utilizadas na propaganda televisiva, como se pôde observar na Figura 6.

Com relação ao outro gênero produzido, a propaganda televisiva, acredita-se que o gênero poderia ter sido mais explorado, mas, infelizmente, cinco horas/aulas não foi tempo suficiente para o nível de discussão/reflexão que esse gênero pode gerar. Foi possível perceber que os alunos conseguiram articular, satisfatoriamente, os recursos imagéticos ao texto escrito; entretanto, o áudio não foi um recurso muito explorado[8] e, embora alguns tenham pensado nesse aspecto, não foi possível uma reflexão sobre seu uso dentro da produção.

Quanto à habilidade do uso dos implícitos, entende-se que uma proposta interessante de trabalho seria a utilização das próprias produções dos alunos, para analisar o uso dos implícitos e sua ação no texto.

Em suma, acredita-se que o presente trabalho tenha gerado um impacto na vida dos discentes; todavia, para que o trabalho tivesse alcançado todos os objetivos propostos, seria preciso um maior tempo para discussão/reflexão acerca do assunto e para a produção, incluindo processos de análises, releituras e reescritas.

8 Alguns alunos inseriram músicas internacionais em suas produções, mas, ao serem questionados acerca da razão que os motivaram, informaram que seria pela questão do ritmo, desconsiderando a mensagem que tais músicas poderiam trazer para a produção.

4. Considerações finais

Acredita-se que essa experiência foi de grande valia para a construção de uma prática pedagógica baseada em uma constante reflexão do docente enquanto pesquisador. É necessário que a prática não priorize somente o domínio de conteúdo gramatical e dos gêneros, mas que enfatize um ensino reflexivo, o qual valorize a utilização das tecnologias de forma pedagógica, para o desenvolvimento de inúmeras habilidades de escrita dentro de contextos reais de produção/interação.

Assim, concorda-se com Geraldi (2006, p. 32), quando afirma que é necessário "mudar a concepção de língua e de ensino na escola", visto que o ensino reflexivo ainda encontra-se distante do que se observa nas escolas, já que, nesse contexto, a língua portuguesa é trabalhada de forma descontextualizada e artificial.

Julga-se relevante salientar também o valioso papel das tecnologias para essa mudança de concepção de linguagem, visto que não basta trocar o caderno por uma página do *Word*; é preciso que as tecnologias tragam novas perspectivas, abandonando esse paradigma mecanicista.

Assim, a escola precisa estar disposta a trabalhar e a refletir sobre diversos temas, de diferentes formas, utilizando meios tecnológicos, proporcionando um ambiente em que o aluno desenvolva, de fato, a suas habilidades linguísticas e tenha liberdade para expressar suas ideologias. Para isso, é preciso que se cumpra o papel de professor-pesquisador, para assim ultrapassar a artificialidade do uso da linguagem em sala de aula e, desse modo, possibilitar o domínio efetivo da língua-padrão em situações concretas de interação.

Embora este trabalho não tenha concluído todas suas metas, devido ao pouco tempo estipulado para aplicação, espera-se contribuir para pesquisas sobre o uso das tecnologias de informação e da comunicação no ensino e a utilização de softwares para o uso pedagógico, como forma de abandonar as práticas mecanicistas de ensino da língua.

5. Referências bibliográficas

ANDERSEN, Elenice Maria Larroza. *PET – Letras*. Bagé, 2010. Formulário-Síntese da Proposta ao SIGPROJ Edital PET 2010, n. 9, Universidade Federal do Pampa, 2010a.

________. *Modelo de Projeto de Pesquisa para o PET – Letras*. Universidade Federal do Pampa, Bagé, 2010b.

BAGNO, Marcos. *Nada na língua é por acaso*: por uma pedagogia de variação linguística. São Paulo: Parábola Editorial, 2007.

BONILLA, P. R. F. *O uso pedagógico de propagandas televisivas nas aulas de Língua Portuguesa*: uma proposta pragmático-cognitivo da teoria da relevância. 2009. Disponível em: <http://www.artigonal.com/linguas-artigos/o-uso-pedagogicos-de-propagandas-televisivas-nas-aulas-de-lingua-portuguesa-uma-proposta-pragmatico-cognitivo-da-teoria-da-relevancia-1225575.html>. Acesso em: 12 jan. 2012.

BRASIL, Ministério da Educação. Secretaria de Educação Média e Tecnologia. *Parâmetros Curriculares Nacionais*: Ensino Médio. Brasília, 1999. v. 2 – Linguagens, códigos e suas tecnologias.

BRASIL, MEC. *Exame Nacional do Ensino Médio*. Disponível em: <http://www.enem.inep.gov.br>. Acesso em: 20 jan. 2011

CONSOLI, Marcia Oberderfer. A propaganda em sala de aula: uma técnica pedagógica para o ensino de recepção e produção de texto. *Revista Voz das Letras*. Concórdia, Santa Catarina: Universidade do Contestado, n. 7, II. Semestre de 2007. Disponível em: <http://www.nead.uncnet.br/2009/revistas/letras/7/73.pdf>. Acesso em: 07 fev. 2011.

FIALHO, Vanessa Ribas. O ensino mediado por computador na perspectiva da teoria da atividade. UCPEL – 2005. Disponível em: <http://www.celsul.org.br/Encontros/07/dir2/15.pdf>. Acesso em: 19 abr. 2012.

GERALDI, J. W. *O texto na sala de aula*. 3. ed. São Paulo: Ática, 2006. 89 p.

KOCH, Ingedore G. Villaça. *Argumentação e linguagem*. São Paulo: Cortez, 1984.

LEITE, Lígia Chiappini de Moraes. Gramática e literatura: desencontros e esperanças. In: GERALDI, João W. *O texto na sala de aula*. São Paulo: Ática, 2004.

NEVES, José Luis. *Pesquisa qualitativa: características, usos e possibilidades*. USP-SP, 1997. Disponível em: <http://www.ead.fea.usp.br/cad-pesq/arquivos/c03-art06.pdf>. Acesso em: 10 nov. 2010.

PARANÁ, Secretaria de Estado da Educação. *Diretrizes curriculares da educação básica*: Língua Portuguesa. Curitiba, 2008.

PLANTIN, Christian. *A argumentação*. Tradução Marcos Marcionilo. São Paulo: Parábola Editorial, 2008.

6. Anexo

6.1 Tabela de Avaliação do Software Proposta por Andersen (2010b)

Indicador	Conceito	Critério de Análise
Acessibilidade	1	Quando o programa e/ou serviço não é adequado.
	2	Quando o programa e/ou serviço é insuficientemente adequado.
	3	Quando o programa e/ou serviço é adequado.
	4	Quando o programa e/ou serviço é plenamente adequado.

Indicador	Conceito	Critério de Análise
Navegação	1	Quando o programa e/ou serviço não é adequado.
	2	Quando o programa e/ou serviço é insuficientemente adequado.
	3	Quando o programa e/ou serviço é adequado.
	4	Quando o programa e/ou serviço é plenamente adequado.

Indicador	Conceito	Critério de Análise
Interface	1	Quando o programa e/ou serviço não é adequado.
	2	Quando o programa e/ou serviço é insuficientemente adequado.
	3	Quando o programa e/ou serviço é adequado.
	4	Quando o programa e/ou serviço é plenamente adequado.

Indicador	Conceito	Critério de Análise
Recursos de criação	1	Quando o programa e/ou serviço não é adequado às necessidades do gênero e/ou à liberdade de criação.
	2	Quando o programa e/ou serviço é insuficientemente adequado às necessidades do gênero e/ou à liberdade de criação.
	3	Quando o programa e/ou serviço é adequado às necessidades do gênero e/ou à liberdade de criação.
	4	Quando o programa e/ou serviço é plenamente adequado às necessidades do gênero e/ou à liberdade de criação.

A PRODUÇÃO DE MINIDOCUMENTÁRIOS NA ESCOLA: DESENVOLVENDO A COMPETÊNCIA COMUNICATIVA

MAICON FERNANDES VAZ DE SOUZA*

ELENICE MARIA LARROZA ANDERSEN**

Introdução

A busca por novas metodologias de ensino em razão de uma melhora na qualidade da educação brasileira tem sido alvo de muitas pesquisas. Entre elas, ressaltem-se as que discutem o papel que as tecnologias da informação e comunicação (TICs)

* Bolsista do Programa de Educação Tutorial (MEC) – PET Letras. Universidade Federal do Pampa.

** Doutora em Linguística. Professora adjunta da Universidade Federal do Pampa. Tutora do Programa de Educação Tutorial do Ministério da Educação (PET/MEC).

podem representar na caminhada para o desenvolvimento do ensino no país.

Desde a criação da SEI (Secretaria Especial da Informática), na década de 1970, já se discute a implantação da ferramenta computacional dentro do ambiente escolar. Porém, a chegada de computadores nas escolas tem sido objeto de discussão sobre a maneira como essa tecnologia pode ser usada para o benefício dos educandos, e não somente para a reprodução de velhas metodologias de trabalho escolar no meio digital, pois "se considerarmos o computador como uma ferramenta para produzir textos clássicos, ele será apenas um instrumento mais prático que a associação de uma máquina de escrever mecânica, uma fotocopiadora, uma tesoura e um tubo de cola" (LEVY, 1997, p. 40).

Desse modo, o referente capítulo tem por objetivo ilustrar uma possibilidade de uso produtivo de tecnologias da informação e comunicação para o desenvolvimento da linguagem, por meio da discussão de uma aplicação prática de projeto de ensino desenvolvido em uma escola pública. A proposta aqui apresentada explora, especificamente, estratégias de ensino-aprendizagem do uso dos conectivos, baseadas na utilização do software Vídeo Spin, para a criação de minidocumentários.

Para o planejamento do projeto de ensino, averiguamos softwares sem custos que fornecessem as ferramentas de edição para a manipulação de imagens e áudio. A procura por um software acessível, que não fosse exatamente criado com a finalidade de aplicação no ensino, surge de dois pensamentos defendidos por Andersen (2010; 2012), conforme visto no primeiro capítulo deste livro:[1] (1) diminuir as barreiras que, por vezes, acabam por limitar o acesso ao recurso e (2) incentivar um ensino menos escolarizado

[1] A referência a Andersen (2010) é relativa à proposta submetida ao Ministério da Educação e à Secretaria de Educação Superior para o edital PET 2010 – Edital n. 09, que norteou o desenvolvimento das ações do Programa de Educação Tutorial /PET – Letras, desenvolvido na Universidade Federal do Pampa.

e mais dirigido para necessidades sociais. Entendemos, assim, que é possível criar novas propostas metodológicas que envolvam os computadores, sem ficarmos limitados somente aos softwares educacionais, mas alargando o leque de possibilidades para o aluno se integrar à sociedade de forma mais ativa e autônoma, construindo sua cidadania.

Assim sendo, buscamos contribuir com profissionais da educação, mostrando possibilidades de trabalho em sala de aula com o computador e a internet, tanto na tentativa de viabilizar o desenvolvimento das habilidades de escrita dos alunos quanto na de fomentar a utilização adequada das ferramentas computacionais na escola pública. O compromisso assumido é o de desmistificar o uso do computador na sala de aula, já que cada vez mais as tecnologias se tornam indispensáveis na execução de diversas tarefas, que, queiramos ou não, fazem parte de nossas vidas.

1. Breve panorama histórico sobre a inclusão dos computadores nas escolas

O serviço que conhecemos hoje como internet teve seu início na década de 1990 (CARVALHO, 2006). Porém, o surgimento da SEI (Secretaria Especial da Informática), no ano de 1979, já demonstrava uma política de incentivo e viabilização de recursos computacionais na área educacional. Assim:

> A educação tornou-se um dos setores capazes de garantir a realização de um projeto desenvolvimentista. Em 1980, a SEI criou a Comissão Especial de Educação (CE/IE), com a finalidade de gerar normas para a área de informática na Educação. Entre 1981 e 1982, foram realizados os dois primeiros Seminários Nacionais de Informática na Educação, promovidos pela SEI, pelo MEC e pelo Conselho Nacional de Desenvolvimento Científico e Tecnológico (CNPq). Nestes seminários, iniciaram-se as discussões sobre informática educativa com a participação de especialistas nacionais e internacionais que definiram

uma posição sobre o uso do computador como ferramenta auxiliar do processo de ensino-aprendizagem (LUCENA, 2003, p. 240).

Com a realização desses eventos e com o crescimento cada vez maior do uso das TICs pelo mundo, o Brasil partiu para a elaboração dos primeiros projetos que visavam ao uso dessas novas tecnologias na área da educação. O projeto Educar por Computador (EDUCOM), por exemplo, trabalhava com escolas públicas no desenvolvimento de atividades de pesquisa e formação, de acordo com as particularidades de cada lugar. O FORMAR tinha como foco principal a formação de professores para implantarem os Centros de Informática na Educação, ligados às Secretarias Estaduais de Educação (CIEds), às Escolas Técnicas Federais (CIET) e ao Ensino Superior (CIES) (Valente, 1999). Além desses dois programas, que visavam à formação de professores para o uso das TICs na escola, ainda foram criados mais dois: o Programa Nacional de Informática Educativa, o PRONINFE, que objetivou o desenvolvimento da informática educativa no Brasil, por meio de projetos e atividades baseados em fundamentação pedagógica sólida e atualizada. Foi esse projeto que gerou uma cultura nacional de informática educativa centrada na escola pública, tornando-se o principal referencial das ações atualmente planejadas pelo MEC. E o ProInfo, programa educacional que promove o uso pedagógico da informática na rede pública de educação básica. O programa leva às escolas computadores, recursos digitais e conteúdos educacionais. No entanto, estados, Distrito Federal e municípios devem garantir a estrutura adequada para receber os laboratórios e capacitar os docentes para o uso dos computadores e das tecnologias (PROINFO, 2010). Todos esses programas tiveram e ainda têm como um de seus objetivos levar a informática aos institutos educacionais públicos, fazendo com que haja igualdade de oportunidades aos educandos dos mais diversos grupos sociais.

Tais programas apresentaram uma missão muito relevante no desenvolver de uma sociedade que passava por um período de transição; transição que estava deixando de lado o universo de blocos de papéis e máquinas de datilografia para um aumento na capacidade de armazenamento de dados em memórias RAM e Discos Rígidos (HD), sem falar nas possibilidades de comunicação e de trocas de dados que a internet permitia. Tudo isso contribuía no aumento de incentivos por parte dos governos mundiais em cada vez mais impulsionar a pesquisa no campo das tecnologias da informação (VALENTE, 1999).

Em relação aos projetos de implantação da informática e de computadores nas escolas, também se passou a pensar na peça fundamental para o acontecimento dessa inclusão digital, *o professor*, auxiliador e mediador entre os educandos e esses novos equipamentos tecnológicos. Não basta as escolas receberem computadores se os professores não estiverem capacitados para o processo de ensino-aprendizagem com a ajuda dessa ferramenta. A partir da implantação cada vez maior dos computadores no meio educacional, a capacitação docente ganha outro enfoque. O papel do professor detentor do saber, insustentável à medida que a internet disponibiliza a informação de modo mais atualizado e fácil, dá lugar ao papel do professor mediador no universo de conhecimento disponibilizado pela rede.

Entretanto, essa transição no papel do educador só se tornará viável mediante o engajamento de toda a equipe escolar nesse processo, como podemos observar na fala de Lucena:

> A escola precisa tornar-se um espaço de trabalho e de formação, o que exige que ela tenha uma gestão democrática e práticas curriculares interdisciplinares que proporcionem a implantação de redes de formação continuada em serviço, oportunizando ao professor a possibilidade de construir projetos coletivos, refletir sobre a sua prática pedagógica, buscando as soluções mais adequadas aos problemas surgidos (LUCENA, 2003, p. 242).

Além desses aspectos, ainda devemos considerar que o sucesso de tal empreendimento depende muito da determinação de cada professor em aprender a utilizar as ferramentas tecnológicas. É preciso que ele esteja disposto a interagir com essas tecnologias para inovar nas aulas, abandonando o medo de usá-las e procurando maneiras que realmente sejam eficientes, a fim de que o emprego da tecnologia não seja apenas uma reprodução no digital do que já está sendo feito no papel. Nesse sentido, este capítulo está dedicado ao professor disposto a refletir, a repensar, a experimentar e a inovar. Não trazemos uma receita, mas buscamos demonstrar uma possibilidade de uso da tecnologia de modo produtivo, que certamente o docente saberá adequar à sua realidade. Entretanto, para a apresentação de nosso projeto, faz-se necessário discutir sobre o gênero que utilizamos em nosso trabalho.

2. O documentário

Na seção anterior, foi possível observar que projetos que visam à inclusão das TIC's nas escolas públicas já existem há determinado tempo. No entanto, ainda necessitamos de profissionais da educação mais dispostos a se arriscarem no meio digital para que a inclusão dessas ferramentas, as quais revolucionaram todo o nosso modo de vida, sejam utilizadas com mais afinco na educação básica. Por isso, este capítulo, além de levantar questões da inclusão digital no meio educacional, ao mesmo tempo, tem a preocupação de trazer novas práticas para a elaboração de propostas de ensino-aprendizagem, que incluem o uso de novas mídias na educação básica.

Quando avaliamos os gêneros ou suportes digitais a serem utilizados em sala de aula com apoio de recursos tecnológicos, é comum ficarmos predispostos a realizar apenas uma reprodução dos gêneros do papel para os eletrônicos. Entretanto, essa reprodução é insuficiente, se assumirmos o compromisso de preparar os alunos para a produção autêntica dos gêneros digitais, conforme defendido por Andersen no capítulo 1 deste livro. Assim, uma das metas da proposta que apresentamos foi justamente buscar novas formas de explorar as mídias digitais dentro da escola. Tendo em vista que o computador e a internet nos permitem criar novos meios de pensar, de ler textos, analisar imagens, vídeos etc., eles abriram as portas para um mundo novo de gêneros e suportes que podem e devem ser explorados no campo educacional, uma vez que já são explorados fora dele. Além da atualização constante que a rede mundial de computadores nos proporciona, contamos ainda com uma capacidade de interatividade nunca antes vista, como explica Levy (1997, p. 43), "um *continuum* variado se estende assim entre a leitura individual de um texto preciso e a navegação em vastas redes digitais no interior das quais um grande número de pessoas anota, aumenta, conecta os textos uns aos outros". Ou seja, a internet acomoda uma maneira distinta de interação na leitura de textos e imagens, de forma que as pessoas podem acrescentar, modificar, apagar, copiar, alterar o que está disponível nela.

Com essas possibilidades surgiram novas maneiras de troca de conhecimentos, experiências, saberes, crenças, em que o meio digital serve de veículo para a interação humana. Além disso, o computador permite a manipulação integrada de imagens, sons e escrita, promovendo, assim, modalidades de textos, suportes, gêneros, em que é possível o trabalho com recursos imagéticos, sonoros, de movimento e linguísticos simultaneamente. Essas modalidades são definidas como audiovisuais.

A partir dessa visão das modalidades audiovisuais e do labor que elas nos permitem realizar, apresentamos um projeto de ensino voltado para a produção de um gênero em específico dentro da perspectiva audiovisual, o documentário.

O documentário é um gênero audiovisual utilizado como forma de expressão da sociedade e registro dos acontecimentos (ZANDONADE; VAGUNDES, 2003, p. 8). O gênero possui características variadas, o que confere dinamicidade e inúmeras possibilidades na hora de sua criação. Além disso:

> Embora as definições sejam variadas nos aspectos de gêneros e tipos, a função do documentário é reconhecida com unanimidade pelos documentaristas que acreditam no objetivo de estabelecer um elo entre os receptores da mensagem transmitida e o realizador da obra, de forma a permitir uma empatia capaz de proporcionar uma reflexão sobre os fatos cotidianos que lhes cercam (ZANDONADE; VAGUNDES, 2003, p. 16).

Nesse sentido, o gênero trabalha com fatos, eventos e situações, de maneira mais aprofundada, dando aos espectadores a oportunidade de reflexão a partir de um determinado ponto, que pode perpassar questões diversas.

Assim como um documentário, o minidocumentário, que apresentamos como uma modalidade de menor duração, também proporciona a reflexão de aspectos que podem perfeitamente ser discutidos no ambiente escolar. Tal gênero nos proporciona a criação de atividades que explorem diferentes aspectos relacionados à maneira como o minidocumentário será abordado. Por exemplo, no processo de criação, pode-se adotar uma configuração mais ficcional ou realista e até mesmo uma postura mais jornalística. Porém, mesmo podendo assumir essas características atribuídas a outros domínios discursivos, existentes na sociedade, o documentário é um gênero definido:

> O gênero Documentário não pode ser definido a partir da presença de determinados enunciados estereotipados ou de tipos textuais fixos (narração, injunção, dissertação); no entanto, não temos dúvida de que o documentário é um gênero com características peculiares (MELO, 2002, p. 1).

Embora o documentário possa conter traços encontrados em outros gêneros como filmes, reportagens ou até propagandas, seu caráter documental prevalece. Para isso, há possibilidades de uso de diferentes técnicas, por exemplo: podemos adotar a figura de um locutor presente ou ausente; podemos construir o documentário a partir de depoimentos, criando-se uma rede coerente entre esses depoimentos; podemos usar fatos reconstituídos para elucidar uma história; podemos criar personagens fictícios, entre outras.

O documentário é capaz de assumir características diversificadas, mas sua criação depende muito de como o seu autor quer passar o conteúdo aos interlocutores. De acordo com Melo (2002):

> O documentário é, portanto, uma obra pessoal; mais do que isso, é um gênero essencialmente autoral, sendo absolutamente necessário e esperado que o diretor exerça o seu ponto de vista sobre a história que narra. É impossível ao documentarista apagar-se. A subjetividade e a ideologia estão fortemente presentes na narrativa do documentário, oferecendo representações em forma de texto verbal, sons e imagens (MELO, 2002, p. 9).

Como podemos notar, além de oferecer variadas possibilidades técnicas para a sua produção, o gênero também permite o trabalho com a subjetividade dos sujeitos que o construíram, já que nele a presença do posicionamento do criador pode ser observada. Desse modo, o documentário apresenta-se como uma boa opção para o trabalho escolar, pois dá a liberdade da heterogeneidade em sua criação, fazendo com que os alunos assumam posições de reflexão sobre o assunto em foco. Ademais, a sua confecção, como mostra Melo (2002):

> [...] não é uma mera documentação, fabricação de valores, significados e conceitos, pois se trata do resultado de um trabalho de síntese, que en-

volve a seleção e ordenação de informações, que são influenciadas pela posição ideológica, social, cultural do sujeito que enuncia (2002, p. 6).

Outro aspecto pertinente do trabalho com o documentário é a confecção de um roteiro que contenha, de acordo com Hampe (1997, p. 1), "a pesquisa e planejamento, a visualização, a organização da estrutura do vídeo que será elaborado, e a efetivação do texto", ou seja, é mais que apenas realizar um recorte de algum fato, situação ou hipótese; deve-se considerar a estruturação de passos, que serão elaborados e revistos, para que a produção do vídeo faça sentido aos espectadores. É preciso o planejamento e a reflexão das imagens que serão mostradas, as quais devem estar de acordo com o que está sendo narrado pelo locutor do documentário, para, assim, construir um argumento entre a imagem e o áudio do vídeo.

Dentro da execução dos passos, citados anteriormente, podemos dizer que na composição do roteiro, assim como na narração do texto criado, é possível abordar questões mais voltadas ao ensino dos usos da linguagem, conforme recomendam os PCNs. Ao criarmos um roteiro, podemos explorar, por exemplo, a coerência, a coesão, as relações entre oralidade e escrita, em um contexto de uso autêntico.

Além disso, quando pensamos nos gêneros textuais existentes, não podemos deixar de observar que todos eles, sejam orais ou escritos, apresentam regras pelas quais perpassam conceitos de sintaxe, morfologia e semântica, e com o roteiro do documentário não é diferente. Discutir tais regras com os alunos nos possibilita atender à orientação dos PCNS (1998, p. 19) de levar os alunos à reflexão sobre a língua para poder compreendê-la e utilizá-la apropriadamente às situações e aos propósitos definidos.

Dentro dessas regras e conceitos, encontramos os conectivos ou articuladores discursivos. Eles desempenham papel fundamental na construção de textos, pois é através deles que estabelecemos as relações de sentido entre as orações, períodos e parágrafos. O uso correto dos conectivos proporciona a criação da coerência textual, além de direcionar para a orientação argumentativa dos textos (KOCH, 2006).

Observando a capacidade dessas pecinhas fundamentais na construção de sentido, não deixemos de analisar sua relevância não só na escrita, como também na oralidade. Ao nos comunicarmos sempre criamos textos, e esses textos são repletos de conectivos, cujo papel argumentativo é essencial para a construção de sentidos. Nas palavras de Irandé Antunes:

> Os conectores não servem apenas para "ligar", ou "articular" segmentos. O mais relevante é reconhecer que esses elementos também cumprem a função de indicar a orientação discursivo-argumentativa que o autor pretende emprestar a seu texto. Desse modo, o uso de um mas, por exemplo, mais do que ligar orações, sinaliza, em geral, uma direção argumentativa contrária àquela que vinha sendo apresentada. Quer dizer, os conectores são uma espécie de sinal, de marca que vai orientando o interlocutor acerca da direção pretendida. Funcionam, então, como marcadores, que especificam, que sinalizam a relação semântica criada, o que é fundamental para que qualquer pessoa produza ou entenda um texto (ANTUNES, 2005, p. 143-144).

Portanto, os articuladores não servem somente para estabelecer a conexão entre frases, parágrafos ou segmentos; eles dão pistas do posicionamento que o autor assume no discorrer de seu texto. Nessa perspectiva, nao podemos deixar de pensar na relevância desses recursos dentro da proposta da criação de documentários, já que a presença deles é indispensável para elaborar um encadeamento entre as partes que constituem o texto. Contudo, não é nosso objetivo apresentar uma proposta de trabalho com a metalinguagem, isto é, não iremos nos deter em nomenclaturas e definições dos conectivos, pois o papel semântico desses articuladores é mais significativo para o nosso propósito.

Além disso, sabemos que um mesmo articulador pode assumir sentidos distintos dependendo do contexto em que foi empregado.

Com efeito, nosso objetivo foi o de construir um projeto que associasse a reflexão sobre a linguagem ao uso produtivo dos recursos tecnológicos multimidiáticos. Assim, não se trata do ensino gramatical desarticulado das práticas de linguagem. Busca-se utilizar a linguagem na produção de textos orais e escritos de modo a responder a diferentes propósitos comunicativos e expressivos, considerando as diferentes condições de produção do discurso, conforme recomendam os PCNs (1998). Afora isso, o minidocumentário é, ainda, uma estratégia de atrair o interesse dos alunos pelo uso de diferentes linguagens de forma criativa e pelo uso do computador. Com base nesses pensamentos, acreditamos apresentar uma proposta de ensino da linguagem que rompe com o ensino prescritivo e tradicional.

3. O software gratuito Vídeo Spin na produção de documentários

O software Vídeo Spin é uma possibilidade gratuita e em português para edição de vídeos, disponibilizada pela empresa norte-americana Pinnacle Systems. A ideia da empresa é a de fornecer as ferramentas básicas para os principiantes na área de edição. O software apresenta a possibilidade de uso sem estar conectado à internet, apenas requer que um cadastro seja efetuado na instalação; após esse passo, ele está pronto para ser usado e explorado.

O Vídeo Spin oferta recursos para pessoas que desejem editar vídeos sem grandes complicações e dificuldades; dispõe de tutorial prático que explica como utilizar suas ferramentas. Além disso, aceita formatos de vídeos, tais como AVI, DiviX, WMA, entre outros. A seguir, vamos explorar os recursos desse editor de vídeos gratuito, disponível na internet.

3.1 O layout

Observemos a figura abaixo:

Como podemos observar, o Vídeo Spin apresenta um *layout* no qual estão afixados vários ícones que nos permitem adicionar ou excluir efeitos, selecionar cenas, adicionar efeitos sonoros, efeitos de abertura de vídeos, de transição etc.

A partir do ícone  , disposto bem ao meio do *layout* do Vídeo Spin, será dado início nas explicações das ferramentas apresentadas pelo software.

Ao clicarmos em , a seguinte mensagem, na imagem abaixo, será mostrada:

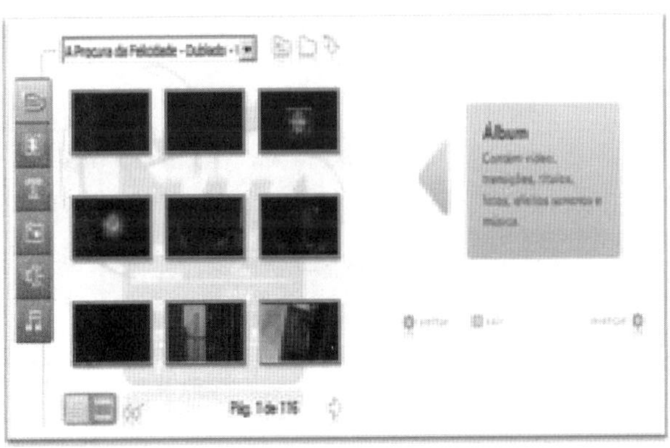

A primeira seção é a responsável pela segmentação das cenas do vídeo a ser editado, pelo acréscimo de efeitos de transição, sonoros etc. A seguir explicaremos cada um dos ícones mostrados na imagem a seguir, referente à primeira seção.

Os três primeiros ícones apresentados são responsáveis pela seleção do vídeo. Ao clicarmos no ícone podemos navegar nas pastas disponíveis em nosso computador:

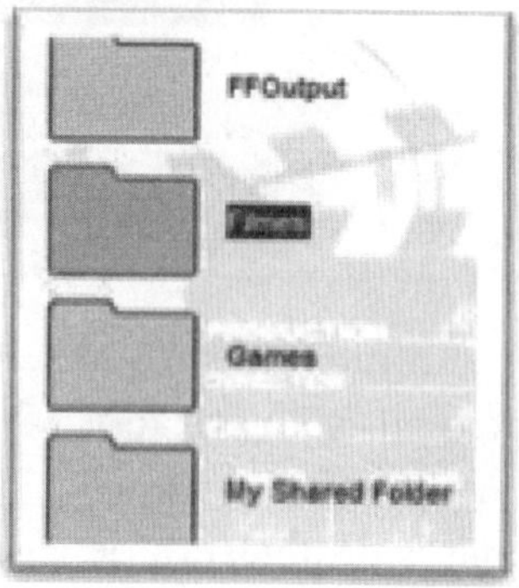

Após selecionar a pasta, na qual está localizado o vídeo que se pretende editar, basta clicar duas vezes para abri-la e selecionar a imagem referente ao vídeo, a fim de segmentá-lo em cenas e, assim, começar a edição. Observemos:

- Seleção da pasta onde está o vídeo:

- O vídeo selecionado será mostrado da seguinte forma:

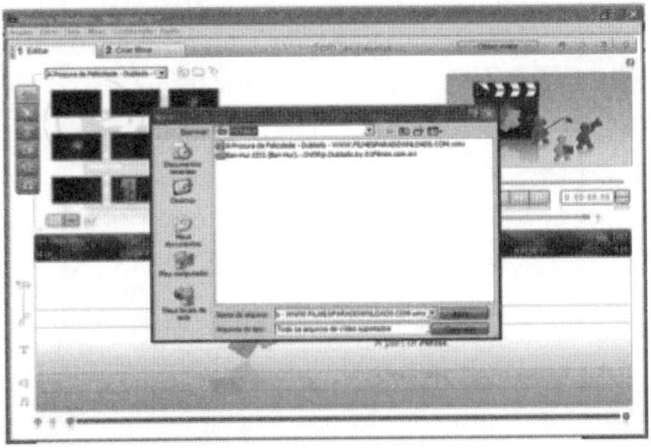

Cada quadradinho é uma parte das cenas do vídeo que será editado. Assim, podemos adiantar, pular, subtrair as cenas da maneira como acharmos melhor.

Outra forma de procurar o vídeo dentro do computador é pelo ícone . Ao clicarmos nele, será aberta uma janela de busca, pela qual podemos acessar qualquer pasta dentro do computador. Na janela aberta, é possível localizar a pasta onde o vídeo se encontra no computador.

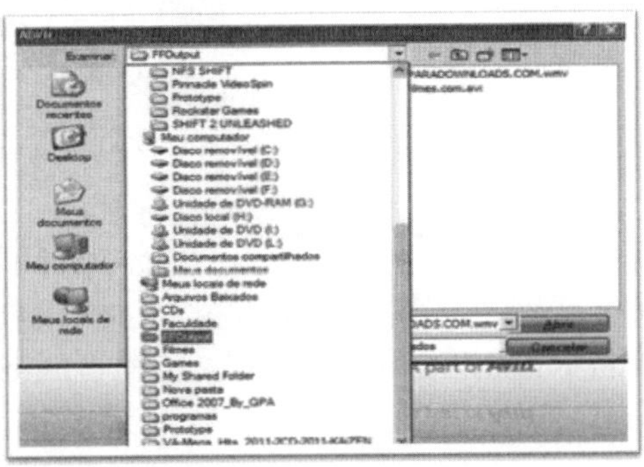

Após localizar a pasta e abri-la, basta selecionar o vídeo e clicar no ícone Abrir.

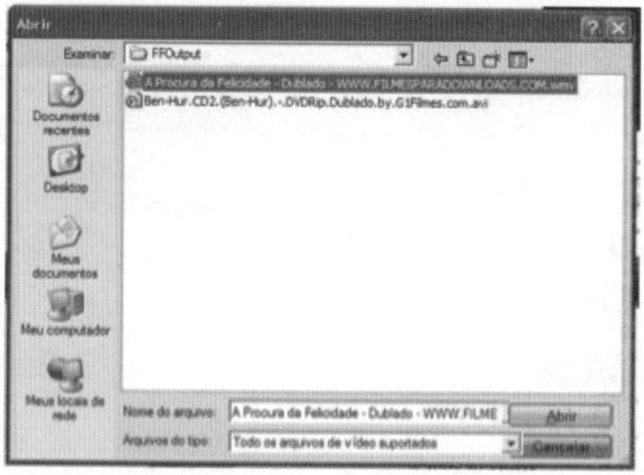

Fazendo esse procedimento novamente, serão disponibilizadas as cenas do vídeo para seleção. Além desses dois processos, ainda contamos com a opção de transferir diretamente os vídeos da câmera digital ou filmadora para o Vídeo Spin através do ícone .

Clicando neste ícone , será aberta uma janela, pela qual podemos acessar os arquivos contidos na câmera ou filmadora. Na figura a seguir, veremos como fazer esse processo:

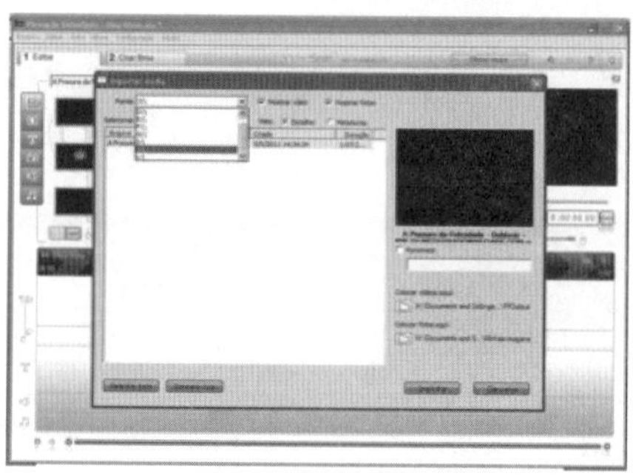

Podemos ver que foi aberta uma janela à frente do *layout* do Vídeo Spin. Ela possibilita a busca da pasta referente à câmera ou à filmadora.

A letra corresponde à câmera que está conectada ao micro. Selecionando-a, será aberta uma janela com os arquivos contidos dentro da câmera. Vejamos na imagem a seguir:

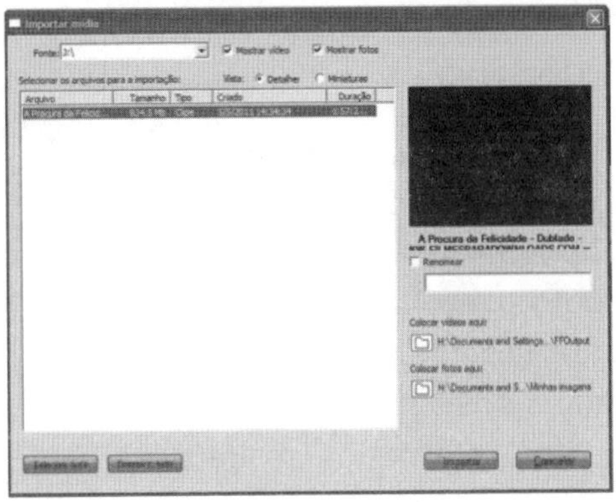

O arquivo que está em azul é o vídeo que está na filmadora. Para fazer com que o Vídeo Spin o divida em cenas, basta clicar em Importar e novamente será apresentado o vídeo dividido por cenas, como na figura:

Essas são as três maneiras de adicionar o vídeo ao software. Agora vejamos a segunda seção.

3.2 Segunda seção do software Vídeo Spin

No *layout* do software, vamos encontrar a linha de tempo, o recurso que irá nos proporcionar a montagem da edição. Como o próprio tutorial informa (figura a seguir), na linha de tempo selecionamos as cenas do vídeo e os demais efeitos, arrastamos e soltamos.

Na figura abaixo, podemos ver como funciona a linha de tempo.

Conforme vamos acrescentando as cenas, podemos adicionar os efeitos que desejarmos entre elas, assim como músicas, títulos etc.

Esses efeitos são anexados à edição, a partir das seguintes ferramentas:

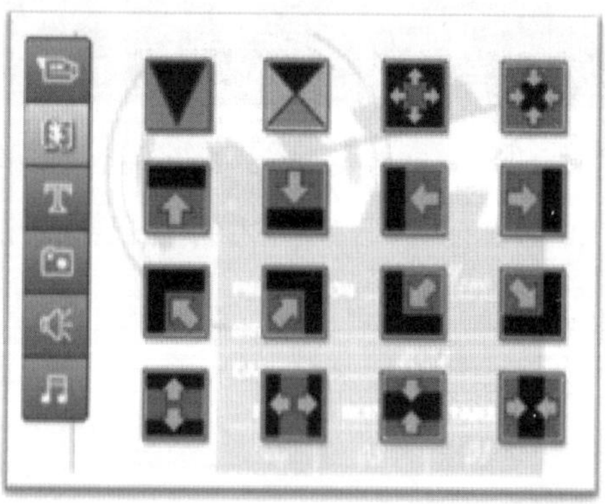

Clicando no serão mostrados vários efeitos de transição. Para adicionar o efeito selecionado na edição do vídeo, basta pressionar o botão esquerdo do mouse, manter pressionado e arrastar até chegar à linha de tempo.

Os demais efeitos seguem a mesma lógica para selecionar qualquer um dos efeitos disponíveis (som, títulos, transição etc.). Basta selecionar na barra de efeitos o que se deseja e arrastar até a linha de tempo.

A barra de efeitos está disposta bem à esquerda do *layout* do Vídeo Spin, apresentando os seguintes recursos:

Ícone para voltar ao menu das cenas do vídeo.

Ícone para acrescentar títulos de abertura ao vídeo que está sendo editado.

Ícone para acrescentas fotos ou imagens ao vídeo que está sendo editado.

Ícone para acrescentar efeitos sonoros ao vídeo que está sendo editado.

Ícone para acrescentar músicas ao vídeo que está sendo editado.

Conforme montamos a edição do vídeo, podemos acompanhar sua montagem, através da terceira seção do Vídeo Spin ou player de vídeo. Na figura abaixo, podemos observar o player:

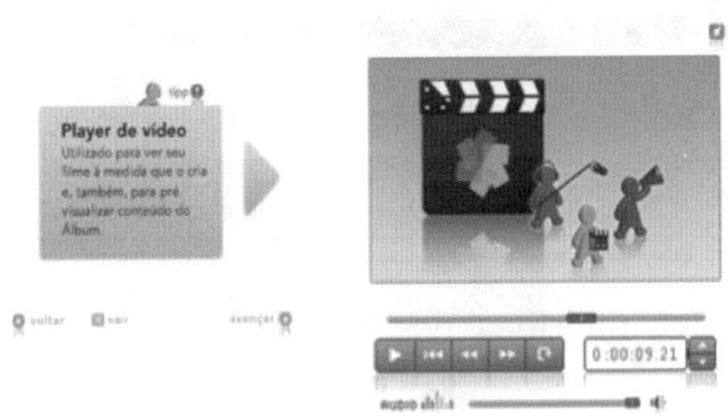

O player apresenta recursos típicos para pausar, seguir, pular, acelerar, voltar às cenas etc.

Como podemos observar na figura a seguir, após colocar algumas cenas na linha do tempo, basta clicar em  para o player seguir mostrando o que foi feito até o momento.

Após finalizar a edição, podemos salvá-la. Para realizar essa ação, devemos clicar em . Este ícone encontra-se no lado superior esquerdo do layout do software.

Em seguida, será mostrada esta janela:

Na imagem anterior, é possível observar os seguintes ícones:  e 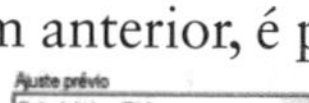. Por meio deles, podemos salvar o arquivo no formato que desejarmos. No caso, está sendo mostrado o formato a ser salvo em AVI, mas o software disponibiliza outros formatos. No ícone "ajuste de tela", escolhemos o tamanho que o vídeo terá ao ser executado por algum player, como o Windows Média Player ou o Real Player, isto é, o player que estiver instalado no computador.

Depois de salvar o vídeo, ao fechar o software, ele exibirá a seguinte mensagem:

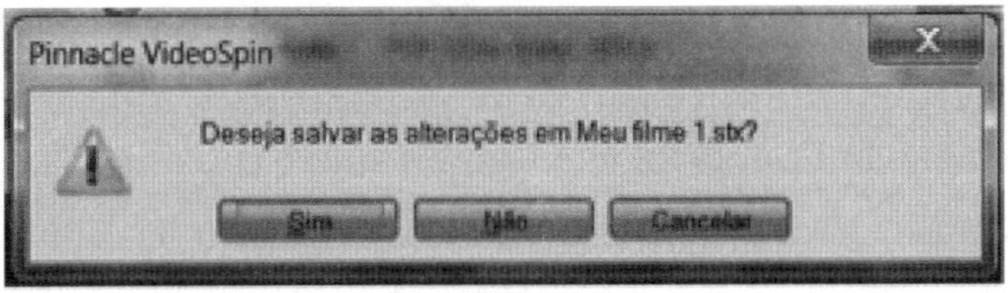

Ao clicarmos em "Sim", o software salvará sua edição e, assim, se você quiser voltar a reeditá-la, basta abri-la novamente pelo software. A seguir, veremos a aplicação e efetivação do projeto, isto é, os passos práticos: como foram as aulas, de que maneira foi trabalhada a produção do roteiro, como foi apresentado o software aos alunos, o estudo das conjunções, da reescrita dos roteiros, da narração deles, como se deu a busca pelos vídeos utilizados na edição, o acabamento e o compartilhamento das produções na turma.

4. Relato da experiência

Assim como exposto anteriormente, uma das propostas iniciais do projeto PET era encontrar um software que não fosse criado especificamente para a educação, mas que viabilizasse o uso das tecnologias de maneira a estabelecer um diálogo entre a utilização do computador e as aulas de língua materna. Isso porque o objetivo do PET é desenvolver a competência discursiva do alunado, a partir de produções textuais autênticas. Se o software tivesse características específicas para o ensino, perder-se-ia esse objetivo, resultando em uma produção artificial, que em muito lembraria as críticas feitas às clássicas redações escolares, como discutido no capítulo 1 deste livro. Com o trabalho voltado para a criação de minidocumentários e com a utilização do software, o qual foi explanado por meio de um tutorial, pode-se dizer que os objetivos do projeto foram atingidos.

A experiência partiu do princípio de que é possível a realização de um trabalho pedagógico que considere a cultura na qual nossos jovens alunos do século XXI estão imersos, a cultura digital. Certamente você já deve ter ouvido a seguinte afirmação: "As crianças de hoje já nascem sabendo". Esta é uma expressão popular utilizada para explicar quando uma criança, mesmo que de pouca idade, já apresenta capacidades de utilização de recursos tecnológicos que muitos adultos não têm. Conforme Belloni e Gomes (2008, p. 719):

> No campo da educação, tem-se mesmo necessidade de conhecer melhor nossos alunos. De repente, a escola já não compreende a criança, que fala e escreve outra língua, que sabe coisas que a professora não entende muito bem e que os pais, muitas vezes, ignoram por completo, subvertendo a relação tradicional entre o adulto-que-sabe e a criança-que-não-sabe. O chamado conflito de gerações se aprofunda e toma a forma de um abismo técnico e de divergências éticas, mais radicais do que nunca, podendo gerar incompreensões e uma incomunicabilidade maior que as descontinuidades que separavam as gerações precedentes.

Não é difícil observar que essas crianças ou jovens nascem cercados de celulares, computadores, Ipods, Ipads, Smartphones, enfim, uma infinidade de aparelhos que possibilitam não só o uso para a comunicação, como num telefone tradicional, mas também a conexão com a internet e, por conseguinte, tudo que ela possa oferecer: redes sociais, pesquisa de materiais teóricos, livros, filmes, músicas, jogos etc.

Esse novo modo de vida que visa ao uso de tecnologias para a execução de tarefas, principalmente nos grandes centros, tem estado cada vez mais presente na sociedade, já que bancos, lojas, mercados, indústrias, entre outros, também fazem uso dessas tecnologias, para tornar mais rápidas as ações empregadas na produção, comercialização e venda de bens e serviços. E, como dissemos, a escola não pode fugir de promover uma prática escolar que preveja estratégias que levem em conta o avanço da sociedade na qual está inserida, promovendo um ensino qualificador dos jovens para que estes estejam preparados ao formarem-se.

Então, a partir do projeto de ensino, desenvolvido por meio das pesquisas realizadas de cunho teórico e prático, foi possível realizar a aplicação do projeto e, por meio deste, coletar dados para analisar e verificar os resultados obtidos com a proposta de utilização do software na escola, sem custo, e averiguando se houve um acréscimo no desenvolvimento da habilidade do uso dos conectivos por parte dos alunos do 9º ano do Ensino Fundamental de uma escola da rede pública de ensino da cidade de Bagé (RS), além de outros aspectos que fizeram parte no processo de aplicação do projeto. Esses aspectos são referentes não só ao ensino de língua portuguesa, como também em relação a questões que levaram os estudantes a exercitarem outras capacidades que, às vezes, pouco se instiga nas escolas, tais como: autonomia na procura e execução de tarefas, participação colaborativa entre os colegas e, sobretudo, espaço para se estabelecerem diálogos abertos com o professor.

Todo o processo de aplicação do projeto ocorreu mediante a programação prévia do que seria trabalhado e de como seria realizado. Para efetivá-la, desenvolveu-se um plano de ensino contendo uma estimativa de 10 aulas, de 50 minutos cada. Porém, foram necessárias 20 horas/aula para o cumprimento do cronograma de atividades. No plano de ensino, foram dispostas as etapas percorridas para a elaboração dos minidocumentários da turma, as quais serão apresentadas e discutidas posteriormente. Entre os processos percorridos nas aulas, podemos elencar os seguintes:

- discussão sobre a proposta do projeto com minidocumentários;
- apresentação do gênero documentário e apresentação dos possíveis temas;
- apresentação do software e do minidocumentário "Os jovens da Velha Vila";
- discussão sobre o gênero roteiro e introdução aos articuladores discursivos, a partir do roteiro do curta "Ilha das flores", de Jorge Furtado. Link do texto: <http://www.casacinepoa.com.br/os-filmes/roteiros/ilha-das-flores-texto-original>;
- pesquisa de material teórico para a produção do roteiro;
- visualização, organização da estrutura do roteiro e a efetivação do texto;
- reescrita do roteiro;
- aprofundamento sobre gravação das imagens para elaboração dos minidocumentários;
- discussão sobre a narração do roteiro;
- Aprofundamento das ferramentas do Software Vídeo Spin;
- montagem dos minidocumentários;
- compartilhamento dos minidocumentários com a turma para a discussão deles.

Na aplicação do projeto de ensino, o primeiro momento destinou-se para realizar uma discussão e apresentação da proposta do projeto aos alunos e para divisão dos grupos. Como a turma tinha em média 20 alunos, dividiu-se a classe em 4 grupos de 5 alunos. Em cada um dos grupos um aluno foi designado líder. Este assumiu a responsabilidade de monitoramento do grupo, como, por exemplo, ficar responsável por fazer alguns relatórios de atividades mencionando o que cada um fez, já que durante o projeto várias atividades foram desenvolvidas; houve momento para a escrita, a pesquisa, a busca de imagens e a gravação do áudio. Enfim, nessas etapas, o professor precisa observar de perto como se dá o andamento do trabalho de cada grupo, para que as atividades não fiquem concentradas em apenas alguns alunos.

Definidos os grupos, passou-se ao levantamento dos possíveis temas a se trabalhar. Na proposta do projeto, a aplicação dele coincidiu com o aniversário de 200 anos da cidade de Bagé. Em vista desse fato, as produções giraram em torno de assuntos ou fatos que focassem, de alguma forma, diferentes aspectos referentes a Bagé, como, por exemplo, história da cidade, praças, hospitais, museus, pontos históricos, pessoas célebres da cidade, quartéis etc. Entre os possíveis temas elencados, através de uma lista que foi disponibilizada para os alunos e também dos temas propostos por eles, foram escolhidos quatro temas que resultaram nos minidocumentários: História da cidade de Bagé, Vila de Santa Tereza (ponto histórico da cidade), O Pampa e Atualidade de Bagé. Podemos observar que não foram abordados somente aspectos relacionados à história da cidade, já que o documentário possibilita um trabalho bem heterogêneo. Os alunos puderam escolher entre temáticas que falassem tanto da história como da situação atual da cidade, e, dentro desse tema, surgiram discussões sobre política, desenvolvimento socioeconômico, situação do jovem, entre outros tópicos. Como exposto anteriormente, a proposta consistia, principalmente, em promover a reflexão dos alunos sobre o que eles fizeram, e não simplesmente realizar um recorte de algum fato.

Quando as produções trabalham com aspectos da cidade, uma dica aos professores é suscitar a participação e dedicação dos alunos a projetos vinculados a algum festival ou evento social em que possam ser exibidas as produções. Assim, além da escola, mais pessoas poderão prestigiar os vídeos dos alunos. Isso sem mencionar as possibilidades de divulgação em canais do YouTube. Estratégias como essa ajudam a levar o que se faz na instituição educacional para além de seus muros. Ademais, conseguir conciliar com algum evento que envolva a comunidade será bom para os educandos empenharem-se mais na execução do projeto, já que um maior número de pessoas observará o trabalho feito por eles, o que é uma forma de incentivá-los e mostrar destreza e articulação nas produções da turma. Ao mesmo tempo, é uma estratégia que mobiliza um sentimento de utilidade do que será feito. Como muitos pesquisadores esclarecem, devemos encontrar formas de motivar no aluno a sua criatividade, aproveitar a energia que eles têm para brincadeiras e conversas, focando em algo da escola; fazer os jovens verem nas atividades escolares projetos agradáveis que trarão retornos positivos e incentivo de outras pessoas, além dos professores.

Após serem decididos os temas, e conforme a separação dos grupos, a próxima etapa consistiu na apresentação e exploração do software, bem como a exposição do minidocumentário "Os jovens da Velha Vila". Este vídeo pode ser acessado por meio do link <http://www.youtube.com/watch?v=xV5u-5X5Ppg&feature=fvst>.

Nessa etapa, foi exibido um modelo de minidocumentário para os alunos refletirem sobre as características do gênero, seu conteúdo temático, sua construção composicional, seu estilo (BAKHTIN, 2003). O ideal seria se na escola já houvesse a disponibilidade de um computador por aluno. Porém, como sabemos, embora as escolas estejam ganhando laboratórios de informática, muitas ainda não possuem recursos computacionais para cada estudante. Entretanto, isso não impediu o desenvolvimento do trabalho, adequando-o à infraestrutura disponível na instituição. O interessante de se poder contar com um computador por aluno, num primeiro momento, é a possibilidade de eles aprenderem a manusear melhor as ferramentas do software, porque, quando dois ou mais alunos ficam em um mesmo PC, geralmente, só um manuseia a ferramenta, enquanto os outros só observam. Esse fato teve de ser levado em consideração a fim de se evitar a centralização do trabalho (aplicar efeitos, cortar o áudio, cortar imagens etc.) em apenas alguns alunos.

Depois de apresentadas as ferramentas do software, foi realizado o download por periféricos como *pen drive*, cartão de memória, máquina digital etc. Assim, o educando que tivesse um "micro" poderia instalar o software e explorar com mais calma suas ferramentas de edição.

Em seguida, partimos para a discussão do roteiro. Nessa etapa, foram tomadas por base algumas considerações sobre a produção de documentários, criadas por Barry Hampe.

Importa ressaltarmos que o professor deve ter um conhecimento prévio de noções de criação de documentários e roteiros, para poder explicar aos alunos como produzimos esses gêneros. Nesse sentido, o docente pode buscar materiais como vídeos disponíveis no YouTube sobre edição, além de aprofundar suas leituras sobre o gênero a ser produzido. Ademais, o educador deve, igualmente, conhecer em profundidade o roteiro do documentário que servirá para a discussão do trabalho. No caso de nosso projeto, apresentou-se e discutiu-se, como já mencionamos, o roteiro do documentário "Ilha das flores".

Após se ter trabalhado com o gênero roteiro e estudado as suas características composicionais, partiu-se para o planejamento e pesquisa sobre os temas dos documentários. Cada grupo ficou responsável por encontrar material teórico e, assim, ter subsídios na produção de seus respectivos roteiros. Como queríamos que os documentários contivessem informações relevantes, os alunos tiveram que pesquisar sobre os assuntos tratados. Nesse aspecto, um cuidado necessário foi o de pedir a eles que registrassem os sites ou livros que usaram como referência; desse modo, o professor pôde verificar as fontes utilizadas e se não copiaram textos já prontos, mas que os utilizaram para elaborar os próprios textos.

Outro aspecto muito importante nessa etapa foi o trabalho com os conectores na produção textual do roteiro. Esse estudo foi introduzido por meio da reflexão sobre roteiro do documentário "Ilha das flores". Discutiu-se, por meio de atividades de análise linguística, o emprego dos conectores e suas implicações para a articulação do sentido no texto. Também se enfocou o papel dos conectores na oralidade. Como o roteiro foi narrado, os alunos precisavam compreender bem o papel dos conectores na articulação das sequências textuais, conferindo unidade de sentido às suas produções.

A criação do roteiro, certamente, foi a etapa mais demorada de produção, pois, além do trabalho de criação e organização do texto a ser narrado, houve o processo de busca de imagens que estabelecessem uma relação coerente com a narração. É importante mencionar um ponto a ser levado em conta pelo professor que trabalhar com a montagem de vídeos: sua capacidade de se mostrar receptivo ao trabalho dos alunos. No projeto, observamos que as expectativas do professor podem não coincidir com o que ocorre de fato no desenvolvimento do projeto. É preciso estar disposto a aceitar essas mudanças de expectativas como naturais ao processo de produção textual. Por exemplo, anteriormente foi mencionado que o projeto havia sido planejado para ser finalizado em 10 aulas. No entanto, esse prazo se estendeu.

Houve aulas em que foi necessário ocupar o tempo simplesmente para discutir os aspectos positivos e negativos do andamento do trabalho. Deu-se a liberdade para que os alunos expressassem suas objeções e seus sentimentos, em um espírito de colaboração mútua. Foi interessante observar que, conforme o andar das atividades, eles demonstravam cada vez mais interesse em participar ativamente na construção dos vídeos.

Posteriormente à busca pelas informações que constituiriam o roteiro, realizou-se o processo de elaboração de citações indiretas, evitando-se a reprodução literal dos textos pesquisados. A composição do roteiro exigiu muito tempo e discussão. Além disso, também houve um tempo para a reescrita, em que os grupos discutiram sobre anotações e orientações feitas pelo professor, para mudarem o que não estava adequado ao gênero em foco. Esse processo de reescrita é um passo importantíssimo para os educandos criarem a consciência das adequações linguísticas e, por esse motivo, uma única aula não seria suficiente para se trabalharem todas as questões que surgem nos textos dos alunos. O educador precisa ter claro que o processo de reescrita demanda tempo e vai além da revisão de conteúdos gramaticais, pois envolve o desenvolvimento de competências discursivas relacionadas à construção coerente de sentido dentro de um determinado contexto. Reiteramos, também, que a escola precisa se tornar lugar de formação e gestão democrática às práticas interdisciplinares e inovadoras que mobilizem o acréscimo nos métodos pedagógicos dos docentes (LUCENA, 2011). Investir em parcerias para um trabalho visando não só a aspectos da disciplina de português, como também a outras áreas do saber, é o mais adequado em se tratando de mídias digitais, já que, por meio delas, o conhecimento ganha um processo de democratização nunca antes visto, e a escola, enquanto espaço de formação e reflexão de nossas ações, deve instigar as pessoas a refletirem sobre a utilização do conhecimento de maneira proveitosa, propiciando o pensar acerca do uso da internet e de suas ferramentas (ARAUJO; GLOTZ, 2009).

Outro aspecto que necessitou de atenção especial, quando trabalhamos com os vídeos, foi a seleção das imagens. Assim como os textos escritos, também foi preciso alertar os alunos para anotarem as fontes de onde extraíram as imagens. Além dos aspectos referentes aos créditos e às referências bibliográficas no vídeo, também foi necessário atentar para os direitos de imagem do aluno, principalmente se fosse menor de idade. Se o minidocumentário for produzido com a exibição de imagens dos jovens, o professor deve providenciar um termo, que algumas escolas já têm pronto, para ser assinado pelos pais, liberando os direitos de imagem do adolescente. Caso o professor tenha dificuldade em conseguir tais assinaturas, pode-se trabalhar de outras formas a configuração do minidocumentário. No projeto realizado, foi escolhida a forma de narrador ausente, ou seja, escutamos a voz do locutor. No entanto, ele não aparece no vídeo, evitando-se os problemas com os direitos de imagem. Quanto a possíveis configurações para produzir o documentário, nos textos citados anteriormente, assim como nos modelos encontrados no YouTube, podemos ter diferentes configurações de trabalhos com vídeos. Já que, quanto maior o conhecimento e o aprofundamento teórico do professor sobre o gênero produzido, maior as possibilidades de variar as produções e o direcionamento do trabalho feito pelos educandos.

Em relação aos equipamentos utilizados, foram usadas máquinas digitais e celulares dos próprios alunos. Não contamos com equipamentos profissionais, até porque as escolas dificilmente os terão. O trabalho com câmeras digitais e celulares facilita a produção dos vídeos, pois assim os discentes terão mais autonomia na busca e gravação das imagens. E, dependendo da faixa etária deles, os pais já os liberam para irem aos locais onde serão realizadas as gravações. Uma ideia interessante para a realização de filmagens é agendar com a turma passeios turísticos por pontos históricos, promovidos por algumas prefeituras ou empresas, pois, além de servir como meio de reflexão para a produção dos vídeos, é útil como forma de conhecimento, já que um guia conta a história dos locais.

No quesito qualidade das filmagens, hoje em dia as câmeras digitais apresentam bastante qualidade nas gravações; obviamente, não serão filmagens de cunho profissional, no entanto, isso não deve servir de barreira para a efetivação do trabalho. Nos grupos da turma, quase todos os alunos tinham filmadoras ou celulares.

Após a produção dos roteiros e já tendo as imagens gravadas, passamos para a produção do áudio. Nessa etapa, houve uma discussão sobre como narrar um texto. Nas orientações para a narração, discutiram-se aspectos como a entonação, respiração, pontuação etc. Combinamos um dia para eles irem à escola no turno inverso de suas aulas, a fim de gravarem o texto, que foi dividido entre os alunos de cada grupo. Um aspecto a ser considerado refere-se à escolha de um local próprio para as gravações de áudio. Deve-se evitar que ruídos exteriores, tais como de carros, pássaros, portas batendo etc., fiquem audíveis na gravação. Contudo, podem-se fazer regravações. Um dos pontos positivos em nossa experiência foi verificar que, conforme o envolvimento no decorrer da aplicação do projeto cresceu, eles ficaram cada vez mais empolgados para ver o resultado final, o minidocumentário pronto.

Depois de realizada a etapa das filmagens, das gravações dos textos, voltamos ao uso do software. Devemos salientar que a maioria das atividades foi realizada no laboratório de informática. Nesse processo de aprofundamento das ferramentas do software, foram destinadas algumas aulas somente para os educandos editarem os vídeos. Naturalmente, alguns alunos tiveram mais domínio que outros no uso do software. O professor precisa considerar que alguns apresentarão mais dificuldades que outros. Os que possuem computadores em casa, geralmente, lidam melhor com as ferramentas de edição, pois muitos já produziram algum tipo de vídeo. Outros, no entanto, não possuem computadores e, por esse motivo, é essencial promover aulas nas quais eles possam explorar o software utilizado, de preferência interagindo com colegas com maior domínio da ferramenta. Na escola onde se realizou o trabalho, o laboratório de informática abre certos dias para os alunos utilizarem os computadores, de modo que eles também tiveram a oportunidade de ir à instituição de ensino e sondar o software Vídeo Spin por conta própria.

Além disso, outro ponto a ser mencionado é o da realização de um diagnóstico sobre os usos do computador, para um planejamento mais adequado das aulas de exploração do software. Antes de o projeto ter início, foi realizado um levantamento na turma, por meio de um questionário, para verificar se eles tinham acesso fácil ao computador e à internet. Constatou-se que a maioria tem computador em casa e que emprega a ferramenta como forma de interação, através de redes sociais como Facebook, Orkut, MSN, para fazer trabalhos escolares e como entretenimento.

A próxima etapa do projeto foi a edição dos minidocumentários. Após todas as discussões, reflexões, produções e reescrita dos textos, chegou a hora de pôr em prática as ferramentas do software. A edição de vídeo foi um processo que requereu certo tempo. Ela teve início nos horários normais de aula, porém, reservamos turnos inversos das aulas dos alunos para o término da edição. Utilizamos o áudio como ponto de partida para essa etapa. A partir dele, que foi importado para a linha de tempo do Software Vídeo Spin, realizou-se a disposição dos efeitos sonoros, das transições entre as imagens e dos textos escritos no vídeo. A finalização dos minidocumentários é um processo que exige bastante atenção do professor, pois é ele quem irá sanar as dúvidas dos alunos (e provavelmente surgirão muitas). Por isso, o docente deve se preparar para lidar com o software com o qual vai trabalhar. Buscar material teórico, tutoriais, vídeos explicativos é importante na compreensão dos recursos que o programa oferece. Sabemos que as tecnologias avançam a passos largos e que, frequentemente, não há um preparo adequado do professor para usá-las. Por essa razão, às vezes, é necessário tomar a frente e buscar o conhecimento por conta própria para conseguir, de alguma maneira, incluir novas práticas na escola.

Para finalizar nossa discussão sobre esse relato de experiência, passemos à próxima fase. Terminada a edição, os vídeos foram disponibilizados no YouTube e foi programado um encontro de compartilhamento dos vídeos entre a turma. Nesse encontro, os vídeos foram assistidos, por meio de um Data Show. Em seguida, houve um processo de avaliação colaborativa sobre todo caminho percorrido até chegarmos aos resultados. Consideramos os percalços, as frustrações, mas também a diversão, as risadas, as dúvidas, os questionamentos, as orientações. Concluímos que são essas atividades que marcam positivamente os alunos, que, de alguma forma, fogem do tradicional e nos instigam a crescer.

Conclusões

Podemos concluir, com a realização do projeto e mediante o que foi exposto no decorrer deste texto, que é viável uma pedagogia de inclusão de mídias na sala de aula, já que foi possível trabalhar com aspectos ligados à língua portuguesa, como a confecção de textos, a oralidade, a interpretação, a discussão e a reflexão dos alunos sobre a linguagem em uso. No que tange ao trabalho com os conectores, mostramos como foi possível associar esse estudo de forma integrada à análise e produção do gênero minidocumentário, o que proporcionou uma abordagem não apoiada na memorização de nomenclaturas, mas no uso direto dos articuladores discursivos e na reflexão sobre o papel que estes exercem no gênero estudado.

No que se refere às etapas do processo, podemos dizer que, embora tenha sido um projeto que demandou um considerável número de aulas, e mesmo não tento muitos recursos, ao final foi produtivo e gratificante, pelo reconhecimento, tanto dos educandos como do corpo docente da instituição, ao prestigiar o trabalho finalizado. E, com certeza, o trabalho não teria sido nem iniciado se a escola não tivesse as portas abertas para novas empreitadas do trabalho escolar. A diretora, a professora regente, a coordenadora, enfim, todas sempre estiveram dispostas a ajudar.

Para finalizar, incentivamos os professores a utilizarem a sugestão do trabalho com os minidocumentários e com o software Vídeo Spin, adequando a proposta à sua realidade. E, como forma de motivar, apresentamos, a seguir, os links dos vídeos.

Atualidade de Bagé (disponível em: <http://www.youtube.com/watch?v=mufGmb65EpY>):

História da cidade de Bagé (disponível em: <http://www.youtube.com/watch?v=_w-w_uEVHZ8>):

O Pampa (disponível em: <http://www.youtube.com/watch?v=_w-w_uEVHZ8>):

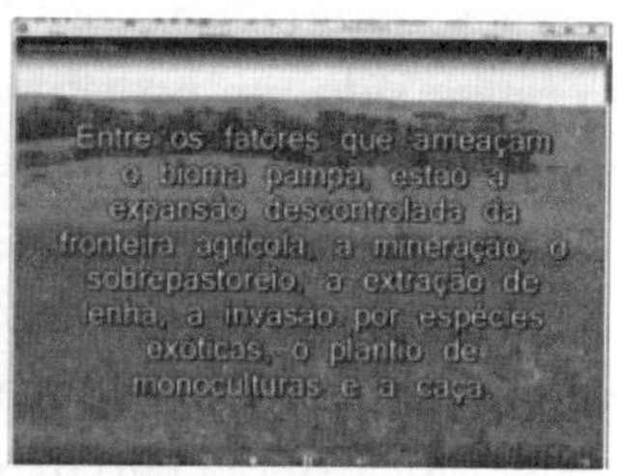

Tesouro Bageense, Vila de Santa Tereza (disponível em: <http://www.youtube.com/watch?v=ug3aXfivfSI>):

Referências bibliográficas

ALVES, L. R. G.; NOVOA, C. C. *Educação e tecnologia*: trilhando caminhos. Salvador: Editora da UNEB, 2003. v. 1, p. 263.

ANDERSEN, Elenice Maria Larroza. *PET – Letras*. Bagé, 2010. Formulário-Síntese da Proposta ao SIGPROJ Edital PET 2010, n. 09, Universidade Federal do Pampa, 2010.

ANTUNES, Irandé. *Lutar com palavras*: coesão e coerência. São Paulo: Parábola Editorial, 2005.

ARAUJO, V; GLOTZ, R. O letramento digital enquanto instrumento de inclusão social e democratização do conhecimento: desafios atuais. *Revista científica de Educação a Distância*. São Paulo, v. 2, n. 01, jun. 2009. Disponível em: <http://revistapaideia.unimesvirtual.com.br/index.php?journal=paideia&page=article&op=viewFile&path[]=85&path[]=50 >. Acesso em: 08 fev. 2011.

BAKHTIN, Mikhail. Os gêneros do discurso. In: BAKHTIN, Mikhail. *Estética da criação verbal*. 4. ed. São Paulo: Martins Fontes, 2003. p. 261-306.

BELLONI, Maria Luiza; GOMES, Nilza Godoy. Infância, mídias e aprendizagem: autodidaxia e colaboração. *Educação e Sociedade*. Campinas, v. 29, n. 104 – Especial, p. 717-746, out. 2008. Disponível em: <http://www.scielo.br/pdf/es/v29n104/a0529104.pdf>. Acesso em: 20 mar. 2012.

BRASIL. *Parâmetros Curriculares Nacionais*. Terceiro e Quarto Ciclos do Ensino Fundamental. Língua Portuguesa. Brasília: MEC/SEF, 1998. Disponível em: <http://portal.mec.gov.br/seb/arquivos/pdf/portugues.pdf>. Acesso em: 06 dez. 2011.

BRASIL. *Plano de Desenvolvimento da Educação*. Brasília: MEC/SEB, 2011. Disponível em: <http://portal.mec.gov.br/dmdocuments/saeb_matriz2.pdf>. Acesso em: 06 dez. 2011.

CARVALHO, MARCELO. *A trajetória da internet no Brasil*: do surgimento das redes de computadores à instituição dos mecanismos de governança. Rio de Janeiro, 2006.

COSCARELLI, Carla. *A nova aula de português*: o computador na sala de aula. Em: <http://www.google.com.br/#hl=ptBR&source=hp&biw=1440&bih=650&q=A+NOVA+AULA+DE+PORTUGU%C3%8AS:+O+COMPUTADOR+NA+SALA+DE+AULA&btnG=Pesquisa+Google&aq=f&aqi=&aql=&oq=&fp=7541eefc04063bf3>. Acesso em: 06 jan. 2011.

HAMPE, Barry. *Escrevendo um documentário*. Disponível em: <http://www.rc.unesp.br/igce/planejamento/nuppag1/Escrevendo%20um%20documentario.pdf>. Acesso em: 05 maio 2011.

KOCH, Ingedore Villaça. *A inter-ação pela linguagem*. São Paulo: Contexto, 2006.

LEANDRO, Anita. *Lições de roteiro*. Disponível em: <http://www.scielo.br/pdf/es/v24n83/a19v2483.pdf>. Acesso em: 06 maio 2011.

LÉVY, Pierre. *O que é o virtual?* São Paulo: Editora 34, 1997.

LUCENA, Simone. *A internet como espaço de construção do conhecimento*. Disponível em: <http://www.lynn.pro.br/pdf/educatec/lucena.pdf>. Acesso em: 03 fev. 2011.

MARCONE, N.; PULGA, R. *O computador no processo e ensino-aprendizagem*: prática e atuação de professores. Disponível em: <http://www.planetaeducacao.com.br/portal/artigo.asp?artigo=1735>. Acesso em: 10 jan. 2011.

MELO, Cristina. *O documentário como gênero audiovisual*. Disponível em: <http://galaxy.intercom.org.br:8180/dspace/bitstream/1904/18813/1/2002_NP7MELO.pdf>. Acesso em: 12 jan. 2011.

NASCIMENTO, Ynah. *Produção de aulas digitais de língua portuguesa*: possibilidades e desafio. Disponível em: <http://www.ufpe.br/nehte/simposio2008/anais/Ynah-Souza-Nascimento-e-Carla-Alexandre-Sousa.pdf>. Acesso em: 06 jan. 2011.

PROINFO. Disponível em: <http://www.proinfo.gov.br/prf_historia.htm>. Acesso em: 15 mar. 2011.

VALENTE, J. A. *O computador na sociedade do conhecimento*. 1. ed. Campinas: Nied/Unicamp, 1999. 156 p.

ZANDONADE, V.; VAGUNDES, M. *O vídeo documentário como instrumento de mobilização social*. Assis: Instituto Municipal de Ensino Superior de Assis/Fundação Educacional do Município de Assis, 2003. 73 p. Monografia apresentada ao curso de Comunicação Social com habilitação em Jornalismo, do Instituto Municipal de Ensino Superior de Assis, São Paulo, Assis, 2003.

VLOGANDO EM SALA DE AULA: RELATO DE UM TRABALHO COM DISCURSOS NARRATIVOS ATRAVÉS DE TECNOLOGIAS MULTIMÍDIA

ALANA NUNES*

SILVANA SILVA**

"Você nunca sabe que resultados virão da sua ação.
Mas se você não fizer nada, não existirão resultados."
Mahatma Gandhi

---

* Bolsista do Programa de Educação Tutorial (MEC)/PET – Letras. Universidade Federal do Pampa.

** Professora da Universidade Federal do Pampa.

Introdução

Estamos diante de uma nova cultura, em que as tecnologias da informação e comunicação estão transformando a nossa maneira de nos comunicar, relacionar, pensar, agir, aprender e ensinar. Tais transformações sociais necessitam encontrar coerência no contexto de sala de aula, onde ainda há casos de atraso e resistência em relação à tecnologia. As vantagens dos recursos multimídia e as melhores formas de usá-los para fins educacionais estão sendo aos poucos descobertas pelos profissionais da educação, e é nessa conjuntura que o presente trabalho encontra sua relevância.

Este estudo faz parte das investigações do Programa de Educação Tutorial/PET – Letras, da Universidade Federal do Pampa, e diz respeito ao uso de softwares livres no desenvolvimento de habilidades de linguagem. O referente estudo encontra seu foco na avaliação do software de edição de vídeos *Kdenlive* para a produção de "vlogs", páginas pessoais em formato de vídeo na internet, com o intuito de trabalhar os três tipos de discursos da narrativa: direto, indireto e indireto livre.

1. Fundamentos teóricos

A tecnologia está presente no mundo de hoje de forma irreversível. Tentar revertê-la é caminhar de volta em direção a dificuldades que já foram superadas. É voltar a fazer fogo com pedras ou confeccionar manualmente lâminas para apresentações em retroprojetores. Desde os primórdios da humanidade, após descobrir estratégias mais simples para o que quer que seja, o homem abandona as antigas práticas que despendiam mais tempo e mais trabalho. Esses foram os passos naturais para a evolução da humanidade. A tecnologia veio se inserindo gradualmente no nosso cotidiano. As revistas e jornais impressos, o rádio, a televisão, o computador etc., foram surgindo em nossas vidas para disseminar a informação e o entretenimento, e hoje constituem uma parte vital da nossa cultura. A tecnologia mobiliza uma boa parcela do tempo dos indivíduos, principalmente das crianças e jovens, que, fora do ambiente escolar, concentram a maioria de suas atividades no uso desses recursos.

As vantagens sociais dessa cultura emergente são várias. Segundo Martini (2010), antes da internet, éramos "escravos das informações geradas pelos meios de comunicação". Informações que eram vinculadas a interesses diversos, os quais decidiam o que deveria ser dito, calado, ou ainda dito de uma forma mais branda ou implícita. A internet rompe com essa escravidão no momento em que dissemina todo tipo de informação, abrindo espaço para que todos possam produzir conteúdos e disponibilizá-los ao mundo.

Ocorre que por desconhecimento das ferramentas que compõem os recursos tecnológicos, ou ainda por preconceito com o que não se materializa em nossas mãos, há uma forte resistência da comunidade docente quanto ao mundo digital. Parafraseando Pierre Lévy (1996) em seu apelo, precisamos parar de diabolizar o virtual. O virtual não se opõe ao real, como muitos acreditam. Trata-se apenas de outra faceta de uma mesma realidade na qual a materialidade também faz parte, ou seja, não é algo imaginário ou que não existe, pois produz efeitos. Efeitos que sentimos em nosso próprio corpo, durante a emoção de ler um texto digital ou na visualização de uma imagem que nos cause indignação, por exemplo. O conceito de virtualização se estende muito além da internet: "a imaginação, a memória, o conhecimento e a religião são vetores de virtualização que nos fizeram abandonar a presença muito antes da informatização e das redes digitais" (LEVY, 1996). Isso quer dizer que o sujeito se constitui na e pela virtualidade, e não há por que não considerar os ambientes virtuais instrumentos auxiliares no processo de ensino-aprendizagem.

Esse novo paradigma que surge com as tecnologias digitais tem um impacto muito forte na educação, pois rompe com padrões antigos de aprendizado, de relação professor-aluno e de disseminação do conhecimento. O aluno torna-se muito mais ativo no processo de aprendizagem e o professor se vê diante de uma ressignificação de suas competências: se antes ele culturalmente "detinha o saber", agora o saber está à disposição de todos; se antes ele se limitava a transmitir informações, agora vivemos na sociedade da informação onde suas atuações educacionais ficarão ultrapassadas caso suas funções não se atualizem. O professor, na era digital, medeia o processo educativo através da interpretação da informação, construindo com os alunos um pensamento crítico. Essa mediação, muitas vezes, pode inverter as fronteiras hierárquicas cristalizadas nas áreas de atuação dos professores e alunos.

A autonomia na busca pela informação, tão característica dos dias de hoje, é exemplificada na seguinte afirmação de Martini:

> O professor deve refletir que o aluno de hoje, devido à tecnologia, é o mais autônomo dos últimos tempos e que a autoaprendizagem também é outra característica fortalecida com o uso do computador. Em uma equipe de trabalho, na sala de aula, quando ele menos esperar, os papéis podem inverter e, adoravelmente, ele pode deixar de ser o coordenador ou diretor do grupo para se tornar um tutor ou até mesmo um expectador do processo (MARTINI, 2010, p. 67).

A autonomia do aluno é indispensável ao processo pedagógico. O professor deve ser a ponte entre o aluno e o conhecimento, mas quem percorre o caminho é o aluno. A tecnologia apenas deixou essa realidade autônoma mais visível.

Pensar em tecnologias e mídias é pensar na integração entre diferentes linguagens. A linguagem verbal (falada e escrita) está tão presente na nossa vida e no nosso cotidiano que deixamos de perceber que essa não é a única forma de linguagem usada para nos comunicar. A Semiótica é a ciência que estuda os signos, ou seja, todas as linguagens possíveis. Os estudos semióticos abriram espaço para novos olhares acerca das potencialidades expressivo-comunicativas da linguagem, entendendo-se por esta todos os sistemas de produção de sentido (SANTAELLA, 2007).

Essa visão ampliada e abrangente dos signos encontra suporte nas mídias digitais, que costumam conter diversas linguagens (visuais, sonoras, verbais etc.) interagindo entre si. As novas tecnologias disponibilizadas pelos programas de computador e internet que proporcionam a integração entre linguagens também contribuem para a reflexão sobre diferentes práticas de letramento, apontando para a necessidade de redefinir antigas práticas pelas quais a escola ainda trabalha com seus alunos. Vejamos o que pensa Santaella sobre as diversas manifestações da linguagem:

> Não chegamos a tomar consciência de que o nosso estar-no-mundo, como indivíduos sociais que somos, é mediado por uma rede intrincada e plural de linguagem, isto é, que nos comunicamos também através de leitura e/ou produção de formas, volumes, massas, interações de forças, movimentos, que somos também leitores e/ou produtores de dimensões e direções de linhas, traços, cores... Enfim, também nos comunicamos e nos orientamos através de imagens, gráficos, sinais, setas, números, luzes... Através de objetos, sons musicais, gestos, expressões, cheiro e tato, através do olhar, do sentir e do apalpar. Somos uma espécie animal tão complexa quanto são complexas e plurais as linguagens que nos constituem (SANTAELLA, 2007, p. 10).

Essas e outras manifestações, unidas às potencialidades do mundo virtual, podem elevar a qualidade do ensino, visto que as mídias eletrônicas inserem os alunos em novas práticas de leitura e escrita. Os recursos digitais hipertextuais, cuja principal característica é a não linearidade, misturam as funções de leitura e escrita, pois ler se torna um ato de edição, uma montagem. O aluno escolhe, seleciona, costura, decide por quais caminhos ir e, nessa liberdade de percurso, acaba ajudando a "escrever" o texto que será lido por ele, já que é o responsável pela sua organização final.

Nesse contexto, a escola necessita reavaliar suas estratégias de ensino, principalmente no que diz respeito às aulas de língua portuguesa. A escrita, tornando-se coletiva, interativa, hipertextual, altera os conceitos de autoria, leitura e da própria escrita, modificando as formas de conceber a produção textual e, consequentemente, de trabalhar com ela em sala de aula. O hipertexto e outros recursos das tecnologias digitais possuem laços muito fortes com a interdisciplinaridade, pois seus meios possibilitam a contextualização do conhecimento, e com a transdisciplinaridade, pois o aluno, se apropriando das ferramentas necessárias para o manuseio dos recursos informáticos, busca conhecimentos além daqueles pertencentes à disciplina em questão. Tais laços, inter e transdisciplinares, são indispensáveis para uma educação crítica.

O ensino de língua materna através de gêneros textuais digitais aproxima o aluno das situações reais de uso da língua. O ensino também baseado em verdadeiras situações de comunicação oferece a possibilidade de novas criações textuais, graficamente mais criativas e interativas. Enquanto os gêneros textuais se caracterizam pela forma e conteúdo, os recursos digitais são caracterizados pela funcionalidade das mídias. A capacidade multimodal (operar ao mesmo tempo com foto, vídeo, som, texto escrito etc.), interatividade, dinamismo, democratização do acesso e hipertextualidade são alguns dos aspectos funcionais que distinguem esses recursos. Esses traços constituem os meios digitais como expresso pelas palavras de Dolz & Schneuwly (2004) para se referir aos gêneros multimídia.

Além de promover novas formas de comunicação, relação e aprendizado, os recursos multimídia rompem com os limites de tempo e espaço, causando um impacto positivo no campo educacional. A hipertextualidade provoca a desterritorialização do texto, a ausência de fronteiras nítidas entre a organização com que o texto foi inicialmente estruturado. Ele é co-construído a todo momento, posto em movimento pelo leitor/coautor. Essa autonomia proporcionada pelos recursos digitais tende a ser estendida também para outros campos de atuação na vida das pessoas.

Perrenoud (2000) aponta dez novas competências necessárias para o docente na atualidade, estando entre elas a capacidade de operar com novas tecnologias. Explorar as potencialidades didáticas de softwares de livre acesso é um dos referenciais dessa competência, destacando os editores de texto, de vídeo e aplicativos multimídia em geral, devido ao amplo potencial que apresentam de auxiliar no processo cognitivo humano.

Pensando nisso, optamos neste estudo por um tipo de mídia que possibilitasse um olhar para as construções discursivas da narrativa e ao mesmo tempo cuja utilização não implicasse custos, pois a intenção neste trabalho é oferecer meios acessíveis para o fomento da inclusão digital (ANDERSEN, 2010). Entre todas as mídias, escolhemos o vlog por apresentar as condições anteriormente mencionadas.

Vlog é o diminutivo de videoblog, que vem a ser uma página cujos conteúdos são em formato de vídeos. É semelhante ao "blog", porém este, embora também sirva de suporte para vídeos, tem como característica principal os "posts". De acordo com o portal Wikipédia, "o primeiro registro de vlog na internet data do começo do ano 2000, criado por Adam Kontras", e, após o advento do site americano YouTube, o vlog se popularizou e disseminou pela rede mundial de computadores. As temáticas que aparecem nos videoblogs são de naturezas diversas: pessoal, social, protesto, opinião etc. Inicialmente, o vlog (assim como o blog e o flog) surgiu caracterizado pelo estilo intimista. Era uma espécie de diário online, onde as pessoas falavam de assuntos pessoais. Posteriormente, é que se disseminaram outras funções.

Nos EUA, os videoblogs ocupam espaço principal na preferência dos jovens, enquanto no Brasil esse espaço ainda é ocupado pelos blogs, embora se perceba cada vez mais a presença dos primeiros sendo produzidos e postados pelos brasileiros nos portais de compartilhamento de vídeos.

O computador tem uma linguagem que é, por essência, multimídia. O som, a imagem e a escrita, reunidos de forma articulada e em movimento, é o que caracteriza os programas digitais. Se usarmos o computador para produzir textos que já existem em outras mídias, estamos apenas trocando o suporte e, nas palavras de Levy (1996), reduzindo o computador à mesma função de uma máquina de escrever, uma fotocopiadora, tesoura ou ainda um tubo de cola. O que diferencia o meio digital dos outros meios é justamente a capacidade de interação dinâmica entre os signos. Lévy ilustra bem esse pensamento no seguinte trecho:

> Considerar o computador apenas como um instrumento a mais para produzir textos, sons ou imagens sobre suporte fixo (papel, película, fita magnética) equivale a negar sua fecundidade propriamente cultural, ou seja, o aparecimento de novos gêneros ligados à interatividade (LÉVY, 1996, p. 41).

O vlog é tipicamente digital, não existindo em outras mídias. Sua difusão no Brasil, assim como a de outros recursos digitais, aponta para a necessidade de se pensar em métodos e técnicas que façam com que essas tecnologias se transformem em mediadoras do ensino-aprendizagem. A produção de um vlog permite um amplo trabalho com o processo de construção narrativa, mais especificamente com os discursos narrativos (direto, indireto e indireto livre). O discurso direto é o registro integral da fala do personagem, de modo que a participação do narrador se limita à introdução dessa fala. O discurso indireto é o registro da fala do personagem através do narrador, ou seja, ficamos sabendo o que o personagem disse por meio das palavras do narrador, e o discurso indireto livre situa-se entre o direto e o indireto, pois, além de representar a fala ou o pensamento do personagem, contém também a mediação do narrador. Toda e qualquer narrativa tem como base a produção discursiva, sendo assim, cabe considerar a relevância de um trabalho com habilidades discursivas na produção de um videoblog, visto que este possui características abertas ao desenvolvimento desse tipo de habilidade.

A produção discursiva em uma narrativa não necessita ser na ordem cronológica dos acontecimentos. O dinamismo da narração se realiza através de aspectos interdependentes que se estruturam justamente nesse processo de articulação. O caráter dinâmico da narrativa unido à sua liberdade de organização constitui a essência dos meios digitais, cuja liberdade de estruturação do texto mescla as competências de leitura e escrita.

Para finalizar a explanação teórica, cabe ressaltar a importância de se procurarem estratégias simples na confecção de instrumentos pedagógicos digitais no que diz respeito aos seus softwares de produção. Os softwares disponíveis gratuitamente na internet oferecem vantagens no que se refere aos custos de manutenção, pois, não havendo necessidade de pagar pelo seu uso, torna-se acessível às comunidades mais carentes.

2. Software multimídia para edição de vídeos – Kdenlive

Vamos conhecer agora um pouco do software Kdenlive, escolhido para a produção de videoblogs. O Kdenlive é um aplicativo avançado de edição não linear de vídeo, que permite editar vídeos digitais com suporte multitrilha de forma ágil e fácil. Sua interface é simples e intuitiva. Os componentes que mais se destacam na tela são os dois monitores de vídeo e a linha do tempo com múltiplas pistas:

Figura 1. Tela principal do software.

Basicamente como em qualquer software, encontramos no editor de vídeos Kdenlive o menu básico de manipulação. Agora veremos alguns desses componentes:

2.1 Menu básico

 *Criar novo projeto* – Como função serve para criarmos um novo projeto de vídeo. Diferente do criado anteriormente.

 *Abrir um projeto* – Se possuirmos projetos já salvos na máquina ou dispositivos removíveis, através deste ícone poderemos navegar e abrir um dos arquivos salvos.

 *Salvar o projeto* – Depois de pronto nosso projeto, através deste ícone podemos guardar nossas primeiras inclusões de projeto ou outras futuras alterações necessárias; só basta um clique para ele salvar o que foi feito por último.

Imprimir – Talvez usado com pouca frequência, em se tratando de vídeo, temos a possibilidade de imprimir nosso projeto, possivelmente as descrições inclusas na Linha de Tempo (*Timeline*).

Desfazer/Refazer – Respectivamente, o primeiro comando retorna ao que estava antes da última digitação e o outro refaz a digitação desfeita.

Cortar e mover trecho selecionado para a área de transferência – Típico de editores, o Cortar tem como função retirar um fragmento da Timeline e colar em outro local.

Copiar clipe para área de transferência – A partir deste comando, em nossa Timeline podemos trazer um trecho do projeto para a sequência desejada.

Colar o conteúdo da área de transferência na posição do cursor – Função que permite, acionados tanto o Cortar quanto o Copiar, transferir o conteúdo para onde selecionarmos.

2.2 Menu avançado de edição

Como visto anteriormente, temos nossas ferramentas básicas de manipulação. Agora veremos algumas já diretamente proporcionais à criação do projeto na Timeline.

Mover e redimensionar clipes – Assim que incluirmos nossa mídia na Timeline, ela virá com um tempo conforme o tipo de áudio ou vídeo que se deseja incluir; então, com esta ferramenta podemos diminuir o tempo, ou até mudar os clipes de posição de acordo com a necessidade.

Dividir o clipe – Em se tratando ainda de tempo do arquivo, este comando permite deixarmos a mídia dividida, podendo assim usá-la uma parte no início e outra no fim, dependendo do projeto criado.

 *Mover todos os clipes para a direita do mouse. Ctrl + clique para mover apenas os clipes na trilha atual* – Quando composta a Timeline, nossos arquivos podem ser manipulados individualmente; esta ferramenta nos permite movê-los de uma só vez, desde que, como sua descrição diz, usando a tecla "Ctrl" do teclado.

 *Inserir marcadores aderentes com comentários nos clipes* – Para termos uma situação de localização própria, este comando permite deixarmos um comentário no arquivo que está incluso na Timeline e delimitar um ponto na contagem do tempo.

 *Mover o ponto de edição entre dois clipes selecionados* – Altera a posição de onde o clipe foi incluso pela primeira vez; assim é possível deixá-lo em uma nova posição.

 *Selecionar múltiplos clipes* – Na Timeline, como também na seleção separada de um clipe, com este comando podemos selecionar todos os clipes que estiverem sendo utilizados.

 *Alinhar clipes no quadro mais próximo* – Conseguimos ajustar automaticamente os clipes ao tempo desejado desde que a Timeline esteja selecionada.

 *Alinhar clipes nas bordas dos clipes mais próximos* – Sincroniza um clipe na Timeline entre duas linhas, se necessário.

 *Alinhar clipes nos marcadores aderentes* – Ainda na parte dos alinhamentos na Timeline, este comando é mais específico para os marcadores; se temos a marcação do clipe, este se alinha à marcação delimitada.

Gravar o conteúdo da Timeline em um arquivo de vídeo – Exporta o conteúdo do projeto para um formato de arquivo de vídeo.

1 2 3 4 *Carregamento de layouts* – Armazena os projetos intitulados como *layout* para uma forma rápida de acesso às alterações.

2.3 Abas de manipulação dos arquivos

Nesta parte, veremos onde os arquivos inclusos ficam, seus efeitos e modos de transição.

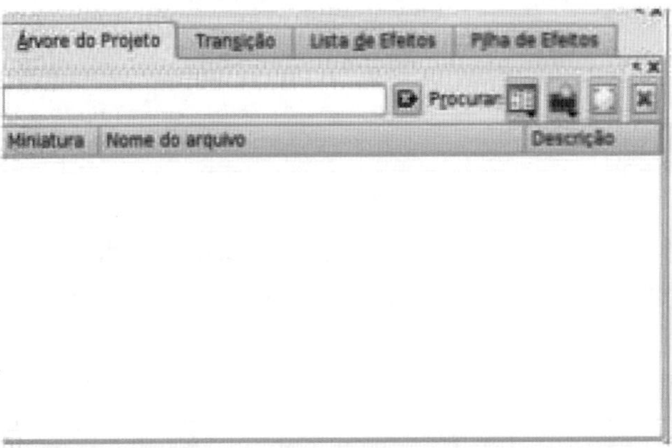

Árvore de Projeto – Nesta aba, tudo que adicionarmos ficará à disposição do usuário para uso na Timeline. Ainda consta um menu de navegação rápida para essa manipulação.

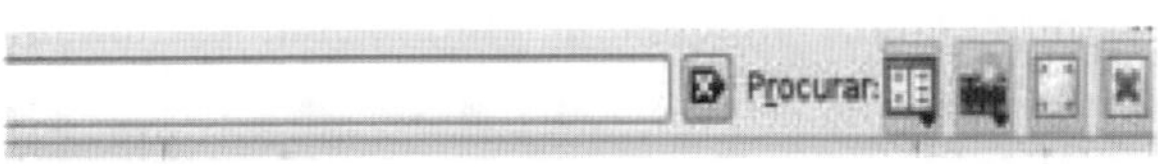

Neste menu de acesso rápido, se temos muitos arquivos, conseguimos localizar qualquer um pelo nome, preenchendo o campo em branco, além de mudar o tipo da visualização para melhor uso, buscar o vídeo armazenado, alterar suas propriedades e, ainda, remover arquivos indesejáveis, respectivamente. Há, ainda, a opção *transição*, que permite escolher tipos de mudanças de um quadro para o outro.

Lista de Efeitos – Encontramos nesta lista os mais diversos efeitos de animação para enriquecer nosso projeto e visualizar uma arte benfeita.

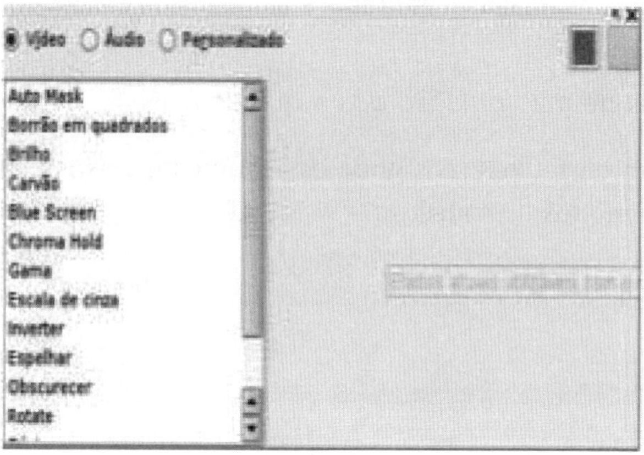

Pilha de Efeitos – De modo personalizado, podemos favoritar nossos efeitos e deixar nesse local para um eventual novo projeto.

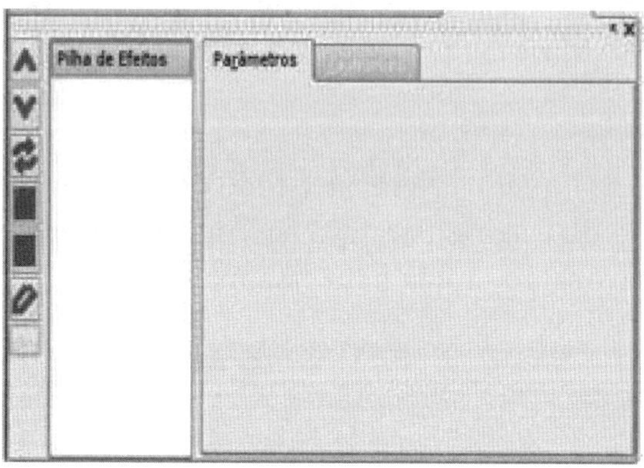

2.4 Pré-visualizações de nosso projeto

Tudo que manipulamos precisa ter um resultado; para isso, o editor de vídeos Kdenlive possui uma tela específica na qual podemos ter uma prévia de cada recurso que foi incluído.

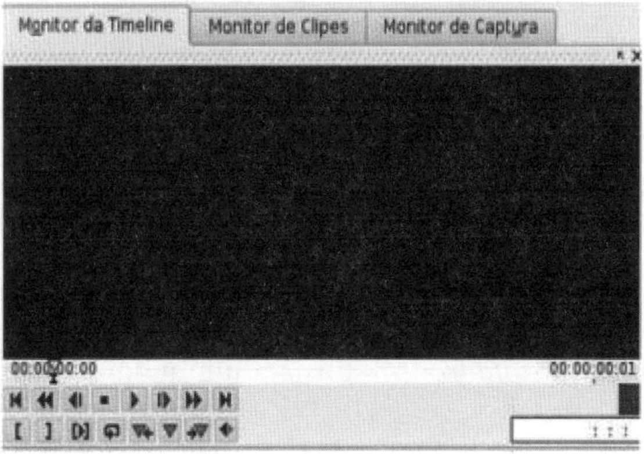

Como podemos ver, temos algumas abas referentes às mídias e botões de controle, tais como reprodução, avanço, retorno etc. Falaremos um pouco de cada item desta tela.

Monitor da Timeline – Aba que mostra o projeto por completo, desde a primeira inclusão, seja de áudio, vídeo, foto ou algum outro clipe já pronto.

Monitor de Clipes – Nesta opção visualiza-se apenas o arquivo de clipe incluso no nosso projeto.

Monitor de Captura – Possibilita, através de um dispositivo de imagem (Web Cam), fazer a captura e, ao mesmo tempo, já incluí-la no projeto, diferenciando-se do modo Arquivo já gravado. Esse controle captura, grava e pode ser utilizado tal qual os outros controles.

2.4.1 Controles de navegação na visualização

Importante função para a visualização. Como citado anteriormente, temos vários botões que dão permissão ao conteúdo adicionado.

Vejamos cada funcionalidade:

 *Mover para o início do clipe* – Traz o marcador para o tempo zero (0:00).

 *Voltar o clipe* – Retorna a um ponto específico do clipe.

 *Voltar 1 quadro* – Retorna a um quadro adicionado na Timeline.

 *Parar o clipe* – Para toda a execução do vídeo.

 *Exibir o clipe* – Inicia a reprodução do clipe.

 *Avançar 1 quadro* – Adianta um quadro adicionado na Timeline.

 *Avançar o clipe* – Adianta um ponto específico do clipe.

 *Mover para o fim do clipe* – Leva o marcador do tempo para o final do vídeo, independentemente de tempo.

 *Definir o Ponto de Entrada* – Aqui se escolhe o tempo de início do clipe.

 *Definir o Ponto de Saída* – Neste comando escolhe-se onde o clipe deve finalizar-se.

 *Definir a seção entre os pontos de Entrada e de Saída* – Delimita o início e o fim da reprodução de determinado tempo escolhido.

Exibir repetidamente a seção entre os pontos de Entrada e de Saída – Repete o trecho delimitado pela tecla anterior.

Mover para o marcador anterior – Retorna ao ponto que foi marcado pela ferramenta "Marcadores aderentes".

Definir marcador na Timeline – Diretamente na Timeline, define onde se deseja marcar o clipe.

Mover para o próximo marcador – Avança ao ponto do marcador também através da ferramenta "Marcadores aderentes".

Monitorar o volume – Controla o volume do clipe a ser executado.

2.5 Timeline (Linha de Tempo)

Nossa principal ferramenta. Aqui são adicionados todos os recursos que queremos colocar no nosso projeto, ajustando-os à nossa maneira: aumentar, diminuir e retirar quando preciso. É nosso guia de reprodução, sem o qual não conseguiríamos situar nossas mídias no tempo desejado.

Separados por linhas, cada arquivo pode ser incluído separada ou conjuntamente, assim definindo a estrutura inteira.

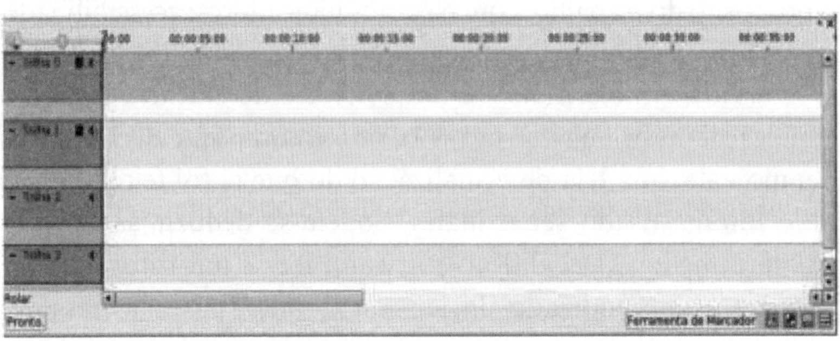

Ainda no canto inferior direito, temos botões de acesso que permitem ver o tempo delimitado por arquivo adicionado, bem como seus efeitos e transições.

3. Relato da experiência

Pretendemos aqui relatar detalhadamente todos os passos, momentos, reflexões e entornos da aplicação do projeto de ensino. Por entornos entendemos os imprevistos, eventualidades e a singularidade da conjuntura onde foi realizada a prática. Partindo da proposta do PET (ANDERSEN, 2010) de que a escola deve promover, sempre que possível, experiências autênticas dos novos usos da linguagem, buscou-se, inicialmente, uma familiarização particular em nível teórico e prático, para, posteriormente, levar a proposta para as práticas escolares. Nos primeiros três meses, foi feita uma apropriação teórica que pudesse embasar a futura prática.

Após o primeiro momento de construção do alicerce teórico, foi feito um levantamento dos softwares disponíveis gratuitamente na internet, que permitiam a produção de um vlog. Entre os selecionados nessa investigação, foi escolhido o editor de vídeo *YouTube Movie Maker*, por ser considerado mais adequado para o propósito do trabalho, com base nos indicadores: acessibilidade, navegação, interface e recursos de criação (ANDERSEN, 2010). O *YouTube Movie Maker* é um software de edição gratuito e simples de usar. Sua estrutura básica é composta de Linha de Tempo e de uma tela de visualização do que já foi feito. Apesar de o idioma usado ser o inglês, podem-se deduzir as funções das ferramentas. Decidido o software, fez-se um tutorial, para auxiliar no aprendizado do leitor, exibindo, passo a passo, o funcionamento do programa. A única dificuldade que parecia haver no momento dizia respeito ao sistema operacional. Sistema Operacional é um conjunto de programas que permitem o funcionamento do computador. Existem centenas, mas os mais conhecidos são o Windows e o Linux, sendo este último o privilegiado nas escolas públicas, através da distribuição do *Linux Educacional*, desenvolvido pelo Centro de Experimentação em Tecnologia Educacional (CETE), do Ministério da Educação/MEC. O *YouTube Movie Maker* é um software de plataforma Windows, não havendo disponíveis versões Linux do programa. Devido a isso, foram procuradas escolas que tivessem o Windows instalado em seus computadores. Recorrendo então à coordenadora do Núcleo de Tecnologia Educacional/NTE do município, encaminhou-se a possibilidade de o projeto ser aplicado no colégio que serve como sede do NTE. A esperança era recorrer a um emulador (espécie de virtualizador que permite a aplicação de um sistema operacional sobre outro) para poder utilizar o editor de vídeo escolhido; porém, recebemos a informação de que a versão Linux Educacional não permitia emulação de softwares de edição originários de outras plataformas. Conversando sobre isso, a coordenadora do NTE sugeriu a utilização do Kdenlive, software de edição de vídeo "nativo" do Linux Educacional. Trocar de editor não seria um problema, porque quase todos os editores possuem as mesmas ferramentas básicas.

Uma das diferenças entre os dois editores era que um se tratava de software gratuito (*YouTube Movie Maker*) e outro de software livre (*Kdenlive*). A diferença básica entre os dois consistia no primeiro ser passível de uso sem custos e o segundo, além de poder ser utilizado sem custos, possuía o código-fonte aberto, sendo possível cópia, alterações e redistribuição sem restrições. Nenhuma dessas possibilidades estava prevista nos objetivos do trabalho, mas, entre legitimar recursos cujo funcionamento previsto é apenas o de execução e legitimar outros que vão além, é mais pertinente a segunda opção. Na verdade, o importante é encontrar um programa que permita realizar o trabalho esperado, seja livre ou gratuito. Pesquisando sobre os programas livres, foram encontradas vantagens que inspiraram o uso de tais programas. O software livre desfruta de toda uma ideologia própria, fundamentada no compartilhamento livre de informações e conhecimentos. Somente a teoria não bastava: era necessário verificar em que medida o programa *Kdenlive* era viável para a produção de vlogs e para o desenvolvimento da linguagem escrita.

Como podemos ver no tutorial do programa acima descrito, trata-se de um software de simples manuseio, tanto para aqueles que estão familiarizados com os recursos digitais quanto para os que estão ingressando no meio. A adesão do referido software ao presente trabalho deu-se em torno das facilidades de suas condições de uso e viabilidade para confecção de videoblogs.

O projeto foi aplicado em uma escola municipal da cidade de Bagé, interior do Rio Grande do Sul, em planos de aula estruturados tais quais os planos dispostos no *Portal do Professor*. A escola em questão contém a Educação Infantil e o Ensino Fundamental e funciona nos turnos manhã e tarde. Situa-se no centro da cidade e abrange tanto alunos residentes das proximidades quanto das periferias. Quanto à estrutura, trata-se de um espaço relativamente grande, contando com três quadras, salas de aula amplas e confortáveis e dois laboratórios de informática. O Projeto Político Pedagógico da escola foi elaborado pela comunidade escolar com representantes de todos os segmentos, e sua filosofia é fundamentada em valores humanísticos, comprometida com a transformação social, a inclusão e o atendimento das pluralidades para a formação de uma sociedade mais justa e democrática. A turma pesquisada é composta de 23 alunos, embora apenas 20 tenham participado da atividade. A duração prevista da aplicação era de cinco aulas, porém acabou-se utilizando uma aula a mais. Os passos foram os seguintes:

- reconhecimento do gênero “diário”, bem como dos suportes em que pode ser veiculado;

- distinção dos três tipos de discurso da narrativa;
- ilustração da discussão através de uma música;
- produção textual dos alunos com vistas ao diário interativo;
- filmagens;
- edição das imagens;
- criação do vlog da turma.

É preciso dizer que houve total apoio da equipe diretiva do colégio na realização do trabalho e o laboratório de informática estava em plenas condições de uso. Na prática são questões que fazem toda a diferença.

Agora, detalhamos como ocorreu toda a aplicação. Inicialmente, houve uma explanação sobre a proposta que seria realizada com os alunos e, após, foi disponibilizado um texto do gênero diário escrito de forma extremamente intimista pela bolsista do PET. A ideia era motivar uma aproximação da primeira autora com os alunos, como forma de eles também se sentirem à vontade para relatar suas histórias e visão de mundo. Após a leitura coletiva, houve uma discussão em formato de roda de conversa sobre o que é um diário, em que suporte ele é escrito atualmente, quais suas características etc. Foi uma introdução ao gênero vlog, visto que este, assim como o blog no início, é utilizado como uma espécie de diário digital. Hoje existem blogs comerciais, institucionais, literários, mas, quando surgiu, seu caráter era essencialmente intimista. Era literalmente um diário digital, e assim se concebe o videoblog hoje em dia. Também foram feitas por parte deles perguntas pessoais sobre o assunto tratado no diário disponibilizado, as quais foram respondidas com interesse. Provocar uma aproximação era um dos objetivos principais para esse primeiro dia de aplicação, visto que não seria fácil eles exporem suas histórias para alguém desconhecido sem um motivo convincente. Também foram disponibilizadas a eles duas outras versões do mesmo texto, mas em formatos discursivos distintos. O primeiro texto foi escrito todo em discurso direto e os outros dois, em discurso indireto e indireto livre. Pode parecer uma forma metodológica tradicional de se conceber o ensino, pois sabemos que comumente em um texto aparecem várias ocorrências de mais de um discurso, mas no momento, e para fins didáticos, foi a escolhida. Posteriormente, nessa mesma aula, foi trabalhada a música "Faroeste Caboclo", da banda Legião Urbana, onde há os três discursos presentes várias vezes, e eles fizeram exercícios de diferenciação e transposição.

Na segunda aula, houve uma breve retomada oral sobre a habilidade linguística estudada na aula anterior. Posteriormente, foi pedido aos alunos que produzissem seus textos (diários) com olhar prioritário para qualquer um dos três discursos estudados. A escrita já era com vistas ao diário interativo. A temática foi a vida pessoal deles. Foi pedido que escrevessem alguma história acontecida com eles ou algum fato que quisessem opinar e sobre o qual escreveriam em seus diários. A ideia era que escrevessem em tom intimista qualquer assunto que tivessem interesse em compartilhar. Não havia necessidade de ser única e exclusivamente sobre acontecimentos passados; eles poderiam também emitir suas opiniões sobre fatos do presente, como fariam em seus diários comuns. Ao final da aula, todos foram para o laboratório de informática assistir a vlogs famosos no *YouTube*. Exploraram os mais conhecidos, como o do PC Siqueira, Felipe Neto e Cauê Moura. Também foi entregue a eles um termo de autorização do uso da imagem, para que trouxessem assinado pelos pais, de forma a não haver impedimentos legais para a realização e divulgação do trabalho.

Exemplos de excertos da produção textual deles:

Priorizando o discurso direto:

–Meninas o que vocês estão aprontando pare-com esse tipo de brinquedo.

Priorizando o discurso indireto:

Ser jogador de futebol é o meu sonho. Eu acho que é o sonho de todo garoto ir para europa, ir para seleção, honrar a camisa brasileira, mas minha mãe disse que preciso me formar primeiro. Ela me ensinou a ter respeito e dignidade, vou jogar no Barcelona e o Real Madri mas só depois de estudar. Foi o que eu disse para minha mãe que ia jogar.

O terceiro momento da aplicação foram as filmagens. Antes de começarem as filmagens, houve uma conversa com os alunos a respeito das produções textuais e apontamento dos principais pontos que precisariam ser corrigidos. Enquanto eles faziam a reescrita do texto, as filmagens eram realizadas um por um. Eles deveriam contar no vlog a história que escreveram. A fala é espontânea, então nem lhes foi pedido que atentassem para questões discursivas, já que isso retornaria durante a operação com o software, através de legendas ou textos no vídeo. Conforme iam terminando as filmagens, era-lhes dado um questionário sobre o uso da internet que contemplava questões diagnósticas sobre o nível de familiaridade deles com o computador. É essencial mencionar que alguns alunos ofereceram resistência às filmagens. A estes foi oferecida a oportunidade de fazer um desenho e a câmera focaria o desenho deles ao invés do rosto. Eles teriam apenas que narrar.

A aula seguinte ocorreu no laboratório de informática. A atividade programada era a explanação das principais ferramentas do programa, seguida de demonstração e edição dos vídeos, por eles. Ocorreu que, nesse dia, nenhum vídeo abriu. Eles foram levados em vários formatos diferentes e na hora foi feito download de um conversor, mas por algum motivo os vídeos não abriram. Então se realizou, conforme planejado, uma explanação sobre as funções das principais ferramentas do editor e foi solicitado que eles explorassem o programa mesmo sem o vídeo deles para editar. Poderiam editar informalmente outros vídeos baixados da internet para se familiarizarem com o programa. Esse imprevisto ocasionou um pequeno atraso na finalização das atividades, mas foi importante, pois eles tiveram mais tempo de contato com o software.

Na aula seguinte, um técnico em informática explicou se tratar de um problema de extensão. O que se havia tentado na aula anterior fora converter os vídeos para os formatos mais conhecidos, como "avi", "wmv" etc., mas o Linux não reconhecia esses formatos e foi necessário trocar manualmente vídeo por vídeo para o formato "vob", que era o único possível para aquele sistema. Detectado e resolvido o problema, os alunos puderam editar os seus vídeos, como planejado. Os vídeos foram postados no vlog da turma, criado por todos com o auxílio da professora. Por fim, foi-lhes entregue novamente um questionário, mas, dessa vez, com questões relativas ao uso do software e ao levantamento de dificuldades.

4. Resultados

4.1 Imagem e link do vlog da turma

Disponível em: <http://www.youtube.com/user/Bidart9ano>.

4.2 Questionário – uso do software

Ao final da aplicação, foi entregue aos alunos um questionário semiaberto com o intuito de obter um retorno sobre suas experiências e visões ante a usabilidade técnica do software utilizado na investigação. As questões contemplavam a *satisfação* pessoal na utilização do programa, o *conhecimento* prévio e as *dificuldades* encontradas durante a operacionalização. O gráfico a seguir mostra os resultados das questões fechadas. É importante mencionar que os 20 alunos responderam ao questionário, mas nem todos responderam a todas as questões.

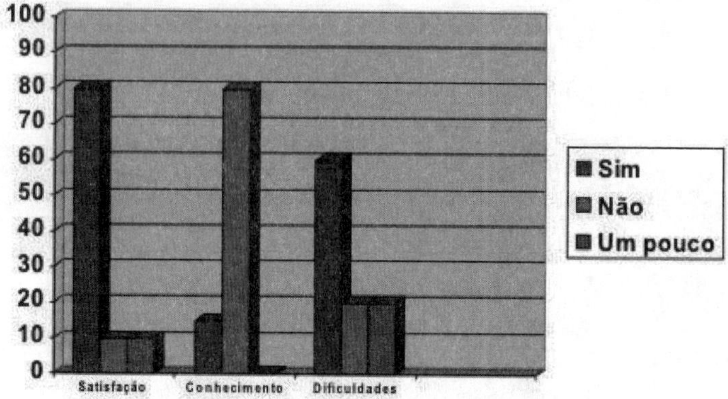

Gráfico 1. Resultados do questionário com alunos.

Considerações

Com base no material produzido, em observações e dados coletados, é possível apontarmos algumas considerações.

Há não muito tempo, a sociedade estava organizada de forma piramidal, onde todos sabiam exatamente qual era o seu papel social e como deveriam agir. Hoje, organizada em rede, as funções se misturam, as instituições se reformulam e as formas de comunicação e expressão se modificam. Marcuschi (2005, p. 10) afirma: "A internet incentiva ações novas que permitem profundas mudanças sociais, de um lado, e o surgimento de novos modos de operação cognitiva, de outro lado". Isso significa que o nosso cérebro está-se reconfigurando junto com a sociedade. Se antes nosso pensamento era linear, hoje, juntamente com a leitura digital, atua "em rede". Observamos crianças estudando, escutando música, vendo televisão e conversando, tudo ao mesmo tempo. Há quem diga que ela não está concentrada numa atividade, e há quem diga que ela está multiconcentrada.

Uma das questões possíveis de observar na aplicação desse projeto foi que aqueles alunos que possuíam um baixo nível de letramento digital sentiram uma espécie de sobrecarga cognitiva no momento de operar os elementos intersemióticos do software. Cansavam ou enjoavam muito rápido, ao contrário de outros que, se não tinham conhecimento do programa, já estavam familiarizados com uma tela cheia de ferramentas e recursos variados. Isso aponta para a relevância de pesquisas envolvendo um olhar cognitivo para os estudos de inserção das TIC's no ensino. Essa dificuldade inicial mencionada foi, em sua maior parte, superada com estratégias educacionais adequadas e autonomia dos alunos.

O professor precisa estar preparado para dar conta das novas demandas sociais. As tecnologias digitais estão trazendo cada vez mais desafios pedagógicos e marcam uma nova etapa na educação. A insegurança docente que há em relação às novas mídias pode ser superada com cursos (presenciais ou a distância) de formação continuada e autonomia de aprendizado. A autonomia é muito importante, pois dificilmente um professor que não tem capacidade de buscar sozinho o conhecimento conseguirá inspirar seus alunos em direção a uma trajetória autônoma de aprendizagem. As novas mídias estão aí e, superado o problema do acesso, surge o desafio do que fazer com elas e como usá-las. Esperamos que este estudo seja significativo no sentido de oferecer novas possibilidades de trabalho com esses recursos e orientar o professor em sua utilização, pois é importante que o docente tenha segurança no planejamento e execução de suas atividades. O trabalho precisa ser significativo tanto para o aluno quanto para o professor.

Foi possível constatar a adequação do software Kdenlive para a confecção de vlogs em sala de aula, servindo ao desenvolvimento dos aspectos da língua portuguesa focados. Nesse sentido, cabe afirmar que é possível a utilização de recursos multimídia como ferramenta pedagógica.

Referências bibliográficas

ANDERSEN, Elenice Maria Larroza. *PET – Letras*. Bagé, 2010. Formulário-Síntese da Proposta ao SIGPROJ Edital PET 2010, n. 09, Universidade Federal do Pampa, 2010.

DOLZ, J.; SCHNEUWLY, B. *Gêneros orais e escritos na escola*. Tradução e organização Roxane Rojo e Glaís Sales Cordeiro. Campinas: Mercado de Letras, 2004.

GANCHO, C. V. *Como analisar narrativas*. 9. ed. São Paulo: Ática, 2006.

LÉVY, P. *Cibercultura*. São Paulo: Ed. 34, 1999.

________. *O que é o virtual*. São Paulo: Ed. 34, 1996.

MARTINI, C. M. *Novas tecnologias para a sala de aula*. São Paulo: Ed. Know How, 2010.

MARCUSCHI, L. A. Gêneros textuais emergentes no contexto da tecnologia digital. In: MARCUSCHI, L. A.; XAVIER, A. *Hipertexto e gêneros digitais*: novas formas de construção de sentido. Rio de Janeiro: Lucerna, 2004.

MORAES, M. C. *Novas tendências para o uso das tecnologias da informação na educação*. Disponível em: <http://www.edutec.net/Textos/Alia/MISC/edmcand2.htm>. Acesso em: fev. 2011.

PERRENOUD, P. *Dez novas competências para ensinar*. Porto Alegre: Artes Médicas, 2000.

RIBEIRO, A. E.; COSCARELLI, C. V. *Letramento digital*: aspectos sociais e possibilidades pedagógicas. Belo Horizonte: Autêntica, 2005.

RODRIGUES, B.; ARAÚJO, J. C. *A interação na internet*: novas formas de usar a linguagem. Rio de Janeiro: Lucerna, 2005.

SANTAELLA, L. *O que é Semiótica*. São Paulo: Brasiliense, 2007.

VIDEOBLOG. Disponível em: <http://pt.wikipedia.org/wiki/Videoblog>. Acesso em: fev. 2011.

XAVIER, Antonio Carlos dos Santos. *Letramento digital e ensino*. Disponível em: <http://www.ufpe.br/nehte/artigos/Letramento%20digital%20e%20ensino.pdf>. Acesso em: out. 2011.

A PRODUÇÃO DE FOTOLIVROS DIGITAIS COMO TEXTO MEMORIALÍSTICO E A EXPERIÊNCIA DE COMPREENSÃO DO PRESENTE E DO PRETÉRITO

Fabiana Soares da Silva*

Elenice Maria Larroza Andersen**

"A vida não é a que a gente viveu,
e sim a que a gente recorda,
e como recorda para contá-la."
Gabriel García Márquez

* Bolsista do Programa de Educação Tutorial (MEC)/PET – Letras. Universidade Federal do Pampa.

** Doutora em Linguística. Professora adjunta da Universidade Federal do Pampa. Tutora do Programa de Educação Tutorial do Ministério da Educação (PET/MEC).

Introdução

Neste capítulo, relataremos a experiência prática de aplicação em sala de aula de uma proposta de ensino voltada para a compreensão leitora e a produção de textos memorialísticos, com suporte dos softwares Diji Álbum e Ncesoft Flip Book Maker. Essa proposta teve o intuito de verificar em que medida o uso desses programas poderia impactar o desenvolvimento da linguagem de alunos do 2º ano do Ensino Médio de uma escola pública de Bagé/RS. O exercício investigativo foi parte de um projeto de pesquisa maior desenvolvido no interior do Programa de Educação Tutorial (PET – Letras), subsidiado pelo MEC e vinculado à Universidade Federal do Pampa. O PET – Letras tem como objetivo principal analisar a pertinência e a adequação do uso de programas e serviços de produção multimídia compartilhados gratuitamente na internet para o desenvolvimento da linguagem, com enfoque na participação social.

Este trabalho justifica-se mediante a percepção de que, para formar leitores e produtores de textos, é necessário que o professor amplie o contato dos seus alunos com textos dos mais variados gêneros e que os incentive à leitura e à produção escrita, de forma crítica e reflexiva. Conforme Almeida (2009), se os estudantes e os meios já não são mais os mesmos, não faz sentido manter velhas formas de ensinar. Isso significa dizer que há uma grande necessidade de que "os envolvidos nos processos educacionais se *trans*formem, reorganizem suas perspectivas e notem que o uso de objetos de mediação torna as aulas de português relevantes" (ibid., p. 15) (grifo das autoras). Para tanto, cabe aos docentes buscar novas metodologias de ensino-aprendizagem que permitam aos discentes o acesso às mais diferentes formas de uso da linguagem, a fim de que possam não somente transitar entre os gêneros, mas também saber comunicar-se e adequar-se às diversas situações comunicativas a que estão expostos.

O uso da tecnologia em sala de aula pode justamente acabar com a enorme lacuna que há entre a escola e a vida cotidiana dos alunos, uma vez que os recursos tecnólogicos, além de permitirem que se trabalhe com diferentes tipos de linguagens e mídias, também despertam o interesse dos alunos e o prazer em aprender. Isso se deve tanto ao fato de aproximar a realidade do aluno à sua prática escolar, quanto pelas mútiplas semioses exploradas nas páginas de internet, como cores, sons, imagens, movimentos, *layouts* etc., e especialmente pela possibilidade de interatividade e de dinamicidade que o papel não é capaz de oferecer (LEFFA, 2006).

1. Da história à atualidade, do papel à tela do computador: breves considerações sobre escrita e tecnologia

A relação tecnologia/ensino-aprendizagem não é nova, como mostram diversos estudos históricos. Segundo Soto (2009), instrumentos como uma pedra lascada, um osso polido, uma lança, um jornal ou um computador, por exemplo, todos eles, ainda que exteriores ao homem, o modificaram profundamente no que diz respeito à sua forma de pensar e de se relacionar com o mundo.

Tendo em vista diversos estudos históricos realizados sobre o desenvolvimento da habilidade escrita, podemos afirmar que os pictogramas foram a primeira tentativa do homem para representar suas ideias, seus pensamentos e suas histórias, em um suporte fora do cérebro humano (MEC, 2010). Assim sendo, "a pedra foi um dos suportes que permitiu ao homem não só a possibilidade de transmitir sua mensagem, mas, principalmente, de deixá-la para outros homens" (ibid., p. 14). Todavia, essas mensagens se davam de forma pouco concisa, uma vez que não se tinha certeza sobre o significado de cada figura na época em que foi produzida. Com o passar do tempo, surgiu a escrita e, por meio desta, o homem pôde comunicar-se com mais precisão.

Seguindo nessa perspectiva sobre avanços tecnológicos, podemos observar que ainda hoje o computador tem sido usado, principalmente no âmbito educativo, muito abaixo de sua real capacidade. E, lamentavelmente, em muitas escolas, os alunos não têm a oportunidade de conhecer a sala de informática ou, ainda, os computadores permanecem longo tempo encaixotados por conta do argumento de que não há profissional qualificado para lidar com as máquinas.

O que se vê na maioria das vezes, de acordo com LEFFA (2006, p. 190-191), "é uma simples transposição do que é impresso em papel, com alguns pequenos acréscimos, como links automáticos que podem levar a outras páginas com conteúdo diferente, mas com apresentação gráfica muito semelhante à do material impresso". Logo, "muda a aparência, mas a essência permanece a mesma" (ibid., p. 191). Segundo o autor, um dos principais aspectos que diferencia o papel da tela do computador é a interatividade, visto que um programa de computador, ao contrário de um texto impresso, tem a capacidade de analisar dados e tomar decisões sobre esses dados, dando *feedback* e interagindo com o usuário, nesse caso, o aluno.

2. Multiletramento(s) e semioses

O âmbito educacional vem sofrendo diversas mudanças e, como tal, os papéis da escola, dos alunos e dos docentes também estão sendo postos em discussão. Segundo Rojo (2009), caberia à escola possibilitar aos alunos uma participação efetiva nas variadas práticas sociais que se utilizam da leitura e da escrita (letramentos), de maneira ética, crítica e democrática. Para Soares (1998, p. 72 *apud* ROJO, 2009), as práticas de letramentos são entendidas como um "[...] conjunto de práticas sociais ligada à leitura e à escrita em que os indivíduos se envolvem em seu contexto social". Dessa forma, a escola deve trabalhar com uma proposta que vise à formação de leitores críticos e produtores de textos, e que essa considere e valorize a língua, seja ela materna ou estrangeira, como meio pelo qual os sujeitos agem no mundo social e interagem uns com os outros nos mais variados contextos (RIO GRANDE DO SUL, 2009).

Diversas pesquisas[1] têm mostrado que os conhecimentos relativos à tecnologia e às capacidades ligadas aos variados meios semióticos estão ficando cada vez mais necessários, e isso não seria diferente no uso da linguagem, tendo em vista os avanços tecnológicos que envolvem cores, sons, *design* etc., como estão disponíveis na tela do computador (MOITA LOPES; ROJO, 2004).

Isso significa dizer que esses multiletramentos ou letramentos multissemióticos exigidos pelos textos contemporâneos ampliam a noção de letramento para o campo da imagem, da música e de outras semioses que não somente escrita, como estamos acostumados. Toda essa mudança reflete no modo como a escola vem sendo considerada, isto é, colabora para que seja vista cada vez mais como:

> [...] um universo onde convivem letramentos múltiplos e muito diferenciados, cotidianos e institucionais, valorizados e não valorizados, locais, globais e universais, vernaculares e autônomos, sempre em contato e em conflito, sendo alguns rejeitados ou ignorados e apagados e outros constantemente enfatizados (ROJO, p. 107).

Em suma, se uma das atribuições da escola é favorecer a ampliação dos conhecimentos de seus alunos, também é necessário, conforme Junger (2009), que se fomentem reflexões críticas sobre o lugar e as implicações do computador em nossa sociedade e

---

1 Imagem disponível em: <http://www.comprafacil.blog.br/wp-content/uploads/2009/10/grupo-copy-1024x463.jpg>.

sobre os recursos que ele oferece, mostrando a esses discentes que, assim como não se deve desprezá-lo, também não se deve confiar em tudo que há disponível na internet.

O papel dessas multissemioses procedentes das novas tecnologias da informação e da comunicação na escola está diretamente associado à discussão acerca dos gêneros textuais, uma vez que "contribuem para ordenar e estabilizar as atividades comunicativas do dia a dia" (MARCUSCHI, s/d). Produzir linguagem significa produzir discursos, e estes, por sua vez, pertencerão a algum gênero. Como afirma Fiorin (2008, p. 61), "o gênero estabelece, pois, uma interconexão da linguagem com a vida social. A linguagem penetra na vida por meio dos enunciados concretos e, ao mesmo tempo, pelos enunciados a vida se introduz na linguagem".

Sendo assim, toda comunicação pela linguagem, incluindo-se a comunicação digital, se dá por meio de gêneros. Os gêneros surgem de acordo com necessidades e atividades socioculturais, bem como na relação com inovações tecnológicas. Atualmente, na era da cultura eletrônica, presenciamos uma explosão de novos gêneros e novas formas de comunicação, tanto na oralidade como na escrita (MARCUSCHI, s/d). Essas novas formas de comunicação, muitas vezes associadas às multissemioses, podem ser trabalhadas em paralelo para o desenvolvimento de competências comunicacionais, por meio de gêneros, entre os quais os do domínio discursivo memorialístico, como o Fotolivro, conforme discutiremos a seguir.

3. Breves considerações acerca do texto memorialístico

Ao longo do tempo, as tecnologias de comunicação mudaram não somente as formas de armazenamento e acesso às memórias (como CD, pen drive, cartão de memória etc.), mas também o próprio sentido do que é memória (KENSKI, 1997). Através de imagens, é possível armazenar, reviver e reconstruir vivências, aprendizagens, sentimentos e lembranças, inclusive de outras pessoas e de outros tempos.

Segundo Lopes Filho (2006), memória vem do latim *memorare*, que significa trazer à memória, recordar. A memória é, primeiro, uma atividade biológica e psíquica que permite reter e recuperar as experiências anteriormente vividas. Mas é, também, uma narração do passado, a partir daquela atividade psíquica, ou seja, se apresenta como um gênero textual ou discursivo. Para o autor, de acordo com as circunstâncias, certas lembranças emergem e a ênfase é dada a um ou outro aspecto:

> O presente dá vida ao passado – as histórias podem ser apresentadas de diversas maneiras, em função do contexto no qual são relatadas. Há a reconstrução do passado, o (re)lembrar as experiências do pretérito. [...] Essa lembrança não é a mesma nos diferentes momentos da vida das pessoas envolvidas na situação recordada. Isso porque, como os tempos mudam, nossa percepção também muda, alteram-se nossas ideias, nossos valores: uns podem se perder, outros podem ser suplantados por novos valores e ideias etc. [...] Ao relembrarmos o passado, podemos narrá-lo e, como sabemos, a arte narrativa não está nos livros, ela tem suas origens na oralidade. Isso nos remete a um período em que as pessoas sentadas, por exemplo, à beira de um fogão a lenha (principalmente em cidades do interior) ouviam os avós e os pais contarem suas histórias, lendas e causos. Assim, ficção e realidade se misturam e há momentos em que não se pode ou se quer separá-las [...]. Pelo exposto, fica claro que a memória, no aspecto ideológico/discursivo, não é ciência. O texto é produzido com base no modo como o indivíduo ou o grupo social vê o passado, a partir da sua posição enunciativa. Encontra-se claramente no texto memorialístico a relação com a identidade individual ou coletiva (LOPES FILHO, 2006, p. 21-22).

O autor ressalta que, na tentativa de reconstruir o passado, o narrador quer criar passagens e vias de comunicação entre pretérito e presente, sem ficar preso ao ideal da objetividade, pois o texto memorialístico costuma ser abertamente subjetivo e interpretativo:

> O enunciante aparece, deixando claro para o leitor a sua posição enunciativa. Por isso, nesse gênero há maior liberdade formal no uso da linguagem, que pode ser mais poética, com maior espaço para a utilização de figuras e elementos ficcionais (ibid.).

Com efeito, para a produção de memórias, parte-se de experiências vividas pelo autor no passado, contadas muitas vezes da forma como são lembradas no presente. Para escrevê-las, os autores costumam recorrer às figuras de linguagem, escolher cuidadosamente as palavras que vão utilizar, empregando critérios estéticos que atribuem ao texto ritmo e conduzem o leitor a cenários e situações reais e/ou imaginárias (OLÍMPIADA DE LÍNGUA PORTUGUESA, p. 19).

No caso dos textos digitais, podemos afirmar que, além da liberdade no uso da linguagem, a subjetividade das memórias pode ser construída por meio de múltiplas semioses, uma vez que os aparatos tecnológicos permitem a inserção de imagens, vídeos, áudios, entre outros.

Nesse sentido é que propomos uma atividade diferenciada, por meio do uso de tecnologias da informação e da comunicação, que possibilite o trabalho em sala de aula com o "presente" e o "pretérito", conforme o dizer de Lopes Filho (2006), em um processo de construção da subjetividade nas diferentes semioses. O relato dessa experiência é o tema da próxima seção.

4. Relato de uma experiência prática: trabalhando com memórias no gênero fotolivro

Pode-se dizer que, de modo geral, fotolivros são livros customizados feitos a partir da seleção de fotos digitais, podendo conter textos verbais e também ser impressos em qualidade *offset*, em papel couchê. Eles são bons presentes para diferentes ocasiões, como aniversários, Dia dos Namorados, Dia das Mães, Dia dos Pais, Natal etc.

Esses materiais podem ser confeccionados a partir de qualquer tema, e contadas histórias de amor, de viagens, de festas, de casamentos, registrando fatos e momentos. Cada vez mais, aumenta o número de empresas especializadas nesses tipos de criações e, do mesmo modo, também tem crescido a quantidade de softwares disponíveis na rede para a produção deles. No entanto, a grande maioria dos serviços é cobrada, já que os softwares gratuitos/livres costumam vir com seus recursos limitados e, por isso, muitas pessoas sentem necessidade de recorrer aos profissionais dessa área ou acabam comprando o pacote completo do programa desejado para usufruir de todas as suas vantagens.

Porém, uma pesquisa mais acurada demonstra que é possível encontrarmos softwares que disponibilizam bons recursos dentro de um período de tempo suficiente para o trabalho em sala de aula, a despeito de suas limitações. Em nossa experiência, pudemos comprovar essa possibilidade no trabalho com fotolivros, por meio de dois programas, como se observará a seguir.

4.1 Ncesoft Flip Book Maker

O Ncesoft Flip Book Maker[2] foi escolhido por ser um rico software que possibilita a criação de fotolivros em 3D. Diferentemente dos demais, esse programa oferece um recurso em que as páginas são viradas automaticamente como se alguém estivesse folheando-as. Além disso, permite que o produtor importe suas fotos e arquivos nos formatos flv, swf, pdf, e também comporta variados temas de *templates* ("modelos de documento"), como, por exemplo, de aniversário, de casamento, de Natal etc. Enfim, disponibiliza *templates* de diversas datas comemorativas pré-configuradas.

Seus principais recursos possibilitam criar um efeito de virar a página, importar imagens, swf, video (flv), e formato pdf, exportar o arquivo produzido para swf, html, exe, protetor de

2 Imagem disponível em: <http://www.softatoz.com/flash-converter/flip-book-maker/ncesoft-flip-book-maker-screenshot1.jpg>.

tela e e-mail, adicionar música de fundo, efeitos de cena, fundo dinâmico, inserir título ao álbum e alterar a dimensão do livro.

Esse software é bastante dinâmico. A diversidade dos seus recursos (como cores, movimentos, sons etc.) desperta a atenção dos usuários, mas ele também tem suas limitações. Embora seja um software rico em recursos e de fácil manuseio, ele não dispõe de espaço para a produção de textos escritos, isto é, o usuário não tem a possibilidade de escrever aquilo que gostaria, seja para ilustrar uma determinada foto, seja para (re)contar um momento. Nesse sentido, é útil para um trabalho com outras semioses, que não as textuais. Como nossa proposta contempla a linguagem verbal, optamos por outro software, o Diji Álbum.

4.2 Diji Álbum[3,4]

Este programa permite criar álbuns eletrônicos que são igualmente divertidos e fáceis de criar; porém, nesse software, as produções assemelham-se ainda mais a álbuns reais. Esse editor supera outros programas similares porque permite ao usuário um completo controle sobre seus arranjos e suas páginas e se destaca especialmente por suportar vários formatos de multimídia, como som e vídeo.

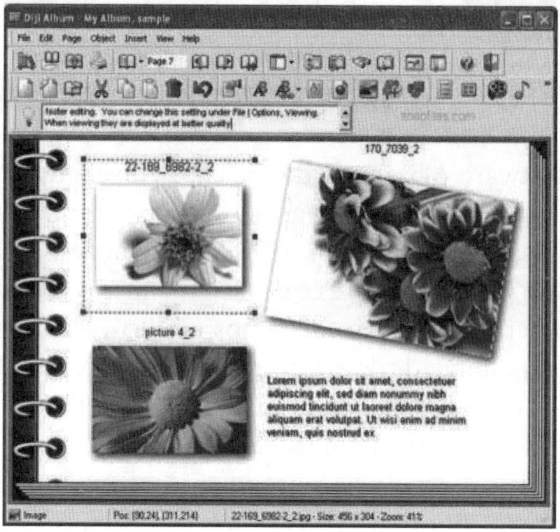

---

3 Leia mais no Baixaki: <http://www.baixaki.com.br/download/diji-album-editor.htm#ixzz1Hkq7JOmO. Para mais informações, acesse <http://pt.kioskea.net/download/baixaki-3296-diji-album>.

4 Fontes das imagens: <http://img.brothersoft.com/screenshots/softimage/d/diji_album_editor-6081-1237170915.jpeg / http://images.snapfiles.com/screenfiles/dijialbum.jpg>.

De modo geral, o módulo de confecção de páginas desse software está dividido em duas linhas (superior e inferior). Na primeira linha (superior), estão distribuídos os recursos mais gerais, como imprimir ou abrir arquivo, por exemplo, enquanto na segunda estão os recursos mais específicos, quer dizer, recursos que permitem ao usuário maior controle sobre as suas páginas e sobre os arranjos disponibilizados pelo programa. Abaixo apresentamos, de forma sintética, as funções que cada ícone desempenha:

Ícones da primeira linha:

 – abrir biblioteca (álbuns arquivados);

 – abrir arquivo;

 – imprimir;

 – selecionar a página à qual o usuário deseja ter acesso, sem precisar passar uma a uma;

 – retroceder à página anterior;

 – avançar para a próxima página;

 – funciona como "play"; com este recurso, as páginas são folheadas automaticamente, conforme o tempo escolhido previamente;

 – visualizar produção;

 – pesquisar informações;

 – informações.

Ícones da segunda linha:

 – novo arquivo, novo álbum;

 – recortar;

 – copiar;

 – colar;

 – excluir;

 – retroceder às últimas modificações realizadas no arquivo;

 – modificar o tipo de fonte utilizada;

 – alterar o tamanho da fonte;

 – inserer hiperlink;

 – permitir abrir/selecionar imagens disponibilizadas em diversos dispositivos de armazenamento;

 – disponibilizar clip-artes, elementos acessórios que podem ser agregados a outros arquivos de imagem;

 – inserir formas prontas como retângulos, círculos, setas, linhas etc.

 – inserir vídeo ou filme;

 – inserir músicas em diversos formatos.

Enfim, o programa oferece ferramentas que permitem arrastar imagens ou importá-las de uma câmera digital ou scanner, adicionar textos, molduras, cantoneiras, objetos, músicas de fundo, vídeos, entre outros recursos. Depois de concluído, o álbum ainda poderá ser impresso, gravado em um CD ou exportado para HTML, caso o produtor queira. A seguir, apresentamos brevemente um projeto de ensino e comentamos a sua prática.

5. O projeto na prática

Partindo das perspectivas já apresentadas, o projeto teve como foco investigar em que medida o uso desses dois softwares poderiam contribuir para que os alunos entendessem a importância do presente e do pretérito em textos narrativos. Para chegar a esse objetivo, trabalhamos com o domínio discursivo "memórias", e os alunos produziram o gênero fotolivros a partir da temática

"Roda a fita!". A expressão "rodar a fita" pode apresentar duplo sentido, podendo significar tanto "Mãos à obra!" ou "Ação!" (com o intuito de incentivar os alunos a começar seus trabalhos), como também uma forma de "voltar ao passado". A escolha desse gênero se deu pelo compromisso de oportunizar ao aluno o conhecimento de gêneros emergentes, socialmente compartilhados.

Aplicamos dois questionários: um para a avaliação diagnóstica e outro para a avaliação formativa. O primeiro foi aplicado com o intuito de averiguar os conhecimentos prévios dos alunos referentes à internet e ao texto memorialístico, e o segundo para averiguar a satisfação dos discentes ao manusear os softwares propostos.

O primeiro questionário foi composto com sete questões com o objetivo de conhecer um pouco mais os alunos, bem como saber quais eram suas relações com as mídias e como essas se davam. As questões relacionavam-se: ao acesso à internet, à frequência com que os alunos navegavam, às finalidades para as quais eles usavam a internet e ao uso da internet como facilitadora para a realização de suas atividades escolares. Além dessas questões, o questionário solicitava que os alunos indicassem quais sites costumavam acessar e de quais redes sociais participavam. Perguntava, igualmente, a opinião dos alunos quanto à colaboração ou não das mídias como facilitadoras de sua aprendizagem e quanto a alguma atividade interessante que eles tivessem desenvolvido na escola com o uso de mídias. Esse diagnóstico é importante para auxiliar o professor no preparo de suas aulas, prevendo o modo e o tempo necessários para a exploração do gênero e do software em seu projeto de ensino.

No nosso contexto de aplicação do projeto, entre os dezessete alunos que responderam essas questões, dez afirmaram ter acesso à internet em casa e oito desses disseram navegar todos os dias. No que se refere às finalidades de navegação, quinze citaram que navegam por causa do "estudo" e também por "diversão".

Quanto aos sites e redes sociais, os mais citados foram o Orkut e o Messenger, seguidos do Facebook e do Twitter. Com relação às mídias enquanto facilitadoras (ou não) de aprendizagem, treze responderam que essas auxiliam de alguma maneira no seu processo de aprendizagem, especialmente por facilitarem o acesso (rapidez, agilidade) a várias informações. Na última questão, relativa a alguma atividade interessante que eles tivessem desenvolvido na escola, a resposta foi unânime: nenhum discente se lembrou de alguma atividade em sala de aula que envolvesse o uso de mídias.

Quanto ao segundo questionário, apresentamos, a seguir, as respostas de três alunos. Na primeira questão, os três afirmaram ter gostado dos programas selecionados. Já na segunda questão, eles manifestaram suas opiniões acerca desses softwares. A pergunta era *De qual desses softwares você mais gostou? Por quê? O que o difere do outro?* E as respostas foram as seguintes:

> "Gostei mais do Ncesoft Flip Book Maker porque tem acessórios mais divertidos."
> "É porque um dá pra escrever e o outro não, mas os dois são bons."
> "Eu gostei mais do primeiro, daquele Ncesoft; é mais legal e divertido, dá pra mexer em tudo."

Como podemos observar, os discentes gostaram mais do primeiro software; o primeiro aluno até justifica que sua escolha foi feita devido aos "acessórios divertidos" que esse programa oferece. É interessante ver que o segundo discente percebe que não é possível escrever no Ncesoft, enquanto no Diji Álbum, sim. Pelo que pudemos perceber, esse aluno sempre foi o mais crítico. Ele não se pautou apenas na sua empatia com o programa (por ser divertido ou não), mas sim em suas limitações.

A terceira questão foi sobre a opinião deles acerca dos softwares. Eles deveriam apontar o que lhes pareceu positivo e negativo nos programas:

Positivo: "dá pra deixar nossas fotos guardadas em álbum".
Negativo: "pq ele é inglês e às vezes é ruim".
"Um é mais divertido e o outro, nem tanto".

No primeiro caso, temos uma resposta objetiva: o aluno apontou o que lhe parecia positivo referente ao que o programa Diji Álbum oferece. Apontou, também, o que lhe pareceu negativo: o fato de ser escrito em inglês. Contudo, esse aspecto não impediu que o aluno realizasse a produção, uma vez que a interface do software é bastante intuitiva. Na questão que perguntava se eles tiveram dificuldades para utilizar os softwares, os três discentes disseram que não. De qualquer forma, o destaque do aluno para o fato de o software ser em inglês demonstra que é importante a mediação do professor, bem como o uso de um tempo prévio para a adaptação ao programa.

Já na segunda resposta, podemos ver o destaque ao aspecto afetivo, demonstrando que o professor deve igualmente considerar o gosto e o prazer do aluno ao fazer a escolha do software.

Finalmente, destinou-se um espaço para que os estudantes pudessem dar sugestões ao projeto. Uma aluna expôs sua opinião da seguinte forma:

> "Tinha que continuar com este projeto e colocar mais projetos bons para trabalhar, fora este que foi ótimo".

Outros discentes também fizeram comentários semelhantes. O desejo dos alunos por esse tipo de atividade é patente. No próximo tópico será relatada a experiência com a execução dessas atividades, esclarecendo o projeto.

5.1 Sobre a aplicação e o desenvolvimento das atividades

O projeto de ensino foi desenvolvido em quatro etapas, durante cinco encontros. A primeira foi destinada às apresentações mais formais (como a apresentação do projeto, dos objetivos). Feitas as apresentações, os discentes responderam os questionários propostos como atividade diagnóstica. As questões objetivavam conhecer um pouco o grupo e o seu contato com as mídias, e essas informações contribuíram para o planejamento das aulas seguintes.

Na segunda etapa, os discentes produziram um texto sobre eles mesmos, a partir da pergunta "Quem sou eu?", para a identificação de suas principais dificuldades no que diz respeito à habilidade escrita. Os alunos produziram seus primeiros textos, que, por sua vez, foram entregues ao final da aula. Também leram em grupo um breve texto contendo informações sobre o que são Fotolivros, para que servem, como são constituídos etc. Eles também realizaram leituras sobre "memórias".

Na terceira etapa, os alunos tiveram seus primeiros contatos com os softwares, no laboratório de informática. É importante destacar que os alunos, normalmente queixosos quanto a atividades de produção textual, demonstraram interesse especial pela atividade. Ao explorarem os softwares, envolveram-se de tal forma com a atividade que não queriam voltar a sua sala quando tocou o sinal de término da aula. Essa reação se coaduna ao que foi afirmado anteriormente: eles não estão acostumados a fazer essas atividades "diferentes", conforme suas palavras.

Na quarta etapa, os alunos confeccionaram seus Fotolivros, relacionando suas experiências passadas com o presente, utilizando vários recursos para fazer suas produções, como som e movimento. Apresentamos, a seguir, alguns exemplos retirados dos Fotolivros produzidos:

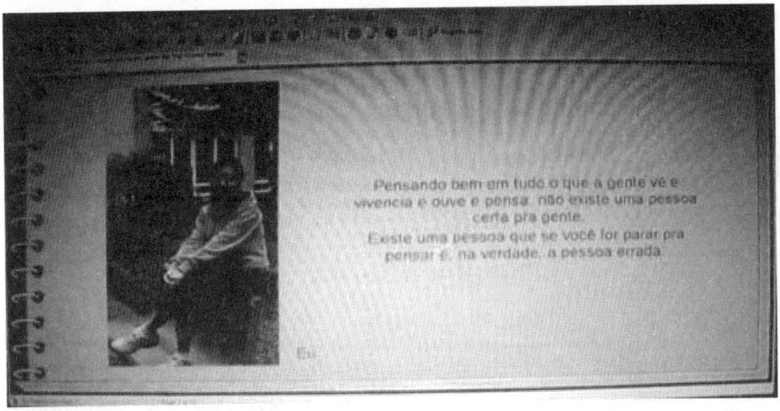

Imagem 1. "Pensando bem em tudo o que a gente vê e vivencia e ouve e pensa, não existe uma pessoa certa pra gente. Existe uma pessoa que se você for parar pra pensar é, na verdade, a pessoa errada."

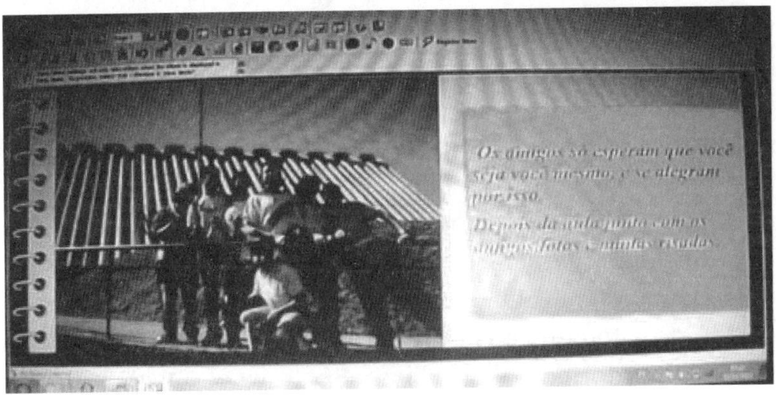

Imagem 2. "Os amigos só esperam que você seja você mesmo, e se alegram por isso. Depois da aula junto com os amigos, fotos e muitas risadas."

Embora tenhamos conseguido realizar grande parte das atividades planejadas, sinto que ficaram faltando vários "detalhes" que fariam toda diferença, como, por exemplo, mais reflexão sobre o que é o gênero "memórias"e o que são "fotolivros", assim como nosso objetivo em estar ali com aquela turma.

Imagem 3. "Aqui me faz lembrar quando eu morava no interior do Uruguai porque onde eu morava tinha muitas árvores e no verão nós íamos para o mato se divertir na água do arroio."

Conforme podemos visualizar, os alunos produziram seus textos a partir de suas experiências e, para isso, utilizaram diversas fotos que os ajudaram a recuperar essas lembranças, relacionando-as ao presente. É interessante notar que cada aluno possui uma característica diferente, um estilo único para se expressar. Por exemplo, na imagem 1, a discente valeu-se de um tom mais poético e utilizou a fotografia de forma redundante, isto é, menos importante que o texto (SANTAELLA, 2001); já na segunda imagem, o aluno expressa sua reflexão sobre o presente utilizando a fotografia como parte de um implícito deixado no texto. Dessa forma, a imagem apresenta igual importância em relação ao texto (complementaridade) (ibid.). A terceira aluna enfoca o pretérito, relatando suas lembranças de quando vivia no Uruguai, memórias essas despertadas pelas fotos que ela selecionou e que a faziam lembrar sua infância no interior e os costumes de sua família.

Importa destacar que o aspecto ortográfico não foi explorado nesse processo de desenvolvimento dos Fotolivros. A prioridade foi o uso do gênero para uma reflexão sobre o presente e o pretérito e sobre como eles se relacionam por meio da linguagem verbal e não verbal, a fim de estimular os alunos a compreenderem diferentes formas de expressão nos espaços digitais.

Para concluir

A aplicação do projeto foi uma experiência gratificante, proporcionando diferentes aprendizados para os alunos, mas também para o professor. O desenvolvimento da proposta permitiu um repensar sobre a prática docente com suporte das tecnologias da informação e da comunicação na sala de aula. Compartilhamos, aqui, um pouco de nossas impressões.

Em primeiro lugar, destacamos que, para a experiência com essas ferramentas ser bem-sucedida, o docente precisa estar preparado para lidar com imprevisibilidade como parte da aula. Isso envolve, principalmente, a revisão do andamento das atividades conforme a adaptação dos alunos aos programas utilizados. É preciso ser sensível às necessidades dos alunos, enxergar o outro, perceber suas dificuldades, destacando suas habilidades e aprendizagens.

Outro destaque refere-se às possibilidades de uso de tecnologias comunicacionais para um ensino mais significativo. Foi notório o maior engajamento e a maior motivação dos alunos durante a etapa do projeto que contou com o uso dos softwares. Nesse sentido, consideramos que integrar essas ferramentas ao processo de construção de textos contribui tanto para a inclusão digital quanto para o desenvolvimento de habilidades de linguagem.

Também gostaríamos de destacar que levar os alunos para o laboratório de informática para realizarem somente atividades de pesquisa na internet é insuficiente para melhorar a qualidade da educação. É preciso que todo o trabalho envolvendo os recursos tecnológicos tenham como parte dos objetivos a integração do uso desses recursos às experiências do aluno; no nosso caso, tanto relativamente às experiências do presente quanto às do pretérito, ou, ainda, a relação entre esses. Trabalhar com Fotolivros em sala de aula foi interessante não só porque podem ser compartilhados com outras pessoas em diferentes momentos, mas também por permitir contar a história de vida de alguém através de imagens, trabalhando as memórias. Escrever memórias é mais do que o registro de dados pessoais e biográficos. É, antes, uma experiência pessoal. E essa experiência pode envolver valiosos depoimentos históricos, registros de fatos políticos e de como eles impactam a vida das pessoas, promovendo um autoconhecimento e um conhecimento social.

Finalmente, é importante frisar que essas ferramentas não substituirão o professor. Como demonstramos, o papel do professor foi determinante para o acompanhamento e a orientação dos alunos. Seu papel de mediador não pode ser suprimido. O que se espera é que o uso de ferramentas digitais possa diminuir a enorme lacuna que há entre a escola e a vida cotidiana dos alunos. Assim, fazemos nossas as palavras da investigadora Almeida (2009), quando afirma que, se os estudantes e os meios já não são mais os mesmos, não faz sentido mantermos velhas formas de ensinar, formas ultrapassadas que não atendem a nada nem a ninguém.

Referências bibliográficas

ALMEIDA, A. C. *Formar e transformar*: objetos digitais de aprendizagem para aulas de português. 2009. Mestrado em Letras. UCPEL, Pelotas.

BRASIL. *Parâmetros Curriculares Nacionais*. Brasília: Governo Federal, Ministério da Educação. Disponível em: <http://www.mec.gov.br>. Acesso em: abr. 2003.

BRASIL. *Se bem me lembro...*: cadernos do professor; orientação para produção de textos. Equipe de produção de Anna Helena Altenfelder, Neide Almeida, Regina Andrade Clara. São Paulo: CENPEC, 2010. (Coleção da Olimpíada de Língua Portuguesa). Disponível em: <http://olimpiadadelinguaportuguesa.mec.gov.br/>. Acesso em: 04 mar. 2011.

CINTRA, J. C. P. *Informática educativa integrando o ambiente escolar e favorecendo a aprendizagem do educando*. [S.l.]: CEFAPRO-CÁCERES, 2007. Disponível em: <http://www.cefaprocaceres.com.br/>. Acesso em: 27 fev. 2011.

CORACINI, M. J. R. F. Interação e sala de aula. *Calidoscópio*, Unisinos, v. 3, p. 199-208, 2005.

FIORIN, J. L. *Introdução ao pensamento de Bakhtin*. São Paulo: Ática, 2008.

JUNGER, C. V. Leitura na tela: reconstruindo uma prática antiga. In. GREGOLIN, I. et al. *Novas tecnologias em sala de aula*: (re)construindo conceitos e práticas. São Paula: Claraluz, 2009. p. 25-34.

KENSKI, Vani M. Novas tecnologias: o redimensionamento do espaço e do tempo e os impactos no trabalho docente. *Revista brasileira de educação*, [S.l.], n. 8, 1998. Disponível em: <http://pt.scribd.com/doc/283411/RBDE08-07-VANI-MOREIRA-KENSK>. Acesso em: 27 fev. 2011.

KOCH, I. Escrita e práticas comunicativas. In: KOCH, I.; ELIAS, V. M. *Ler e escrever*: estratégias de produção textual. São Paulo: Contexto, 2009. p. 56.

LEFFA, V. J. Uma ferramenta de autoria para o professor: o que é e o que faz. *Letras de Hoje*, Porto Alegre, p. 189-214, 2006.

LOPES FILHO, Cláudio Sudario. *História e memória*: dois olhares sobre o passado de Ouro Branco. 2006. 60 p. Dissertação (Mestrado em Letras), Universidade Vale do Rio Verde, Três Corações, 2006.

MARCUSCHI, Luiz Antônio. *Gêneros textuais*: definição e funcionalidade. Disponível em: <http://www.letraviva.net/arquivos/Generos_textuias_definicoes_funcionalidade.pdf>. Acesso em: 17 abr. 2012.

MEC – Ministério da Educação e da Cultura, Secretaria da Educação Fundamental. *Construção da Escrita*. São Paulo: TV PUC, 2001.

MOITA-LOPES, L. P.; ROJO, R. H. R. Linguagens, códigos e suas tecnologias. In: BRASIL. Ministério da Educação. *Orientações Curriculares de Ensino Médio*. Brasília, DF: MEC/SEB/DPEM, 2004.

WIKIPÉDIA: a enciclopédia livre. *Olimpíada de Língua Portuguesa*. Disponível em: <http://pt.wikipedia.org/wiki/Olimp%C3%ADada_de_L%C3%ADngua_Portuguesa>. Acesso em: 25 mar. 2011.

SECRETARIA DO ESTADO DE EDUCAÇÃO. *Rio Grande do Sul: lições do Rio Grande*: referencial curricular; Língua Portuguesa e Literatura. 2009.

ROJO, R. *Letramentos múltiplos, escola e inclusão social*. São Paulo: Parábola, 2009.

SANTAELLA, Maria Lúcia. *Matrizes da linguagem e pensamento*: sonora, visual, verbal. São Paulo: Iluminuras, 2001.

SOTO, U. Ensinar e aprender línguas com o uso de (novas) tecnologias: novos cenários, velhas histórias? In. GREGOLIN, I. et al. *Novas tecnologias em sala de aula*: (re)construindo conceitos e práticas. São Paula: Claraluz, 2009. p. 11-24.

ENSINO DA COMPREENSÃO LEITORA COM MATERIAIS VIRTUAIS: ALUNOS, PESQUISADOR JÚNIOR E ACADÊMICOS EM INTERAÇÃO

VERA WANNMACHER PEREIRA*
JONAS RODRIGUES SARAIVA**

Introdução

O estudo aqui relatado está inserido no conjunto de pesquisas realizadas no Centro de Referência para o Desenvolvimento da Linguagem – CELIN da FALE/PUCRS, sobre compreensão

* Doutora em Letras – Linguística. Professora permanente do PPGL da FALE/PUCRS.
** Mestrando em Letras – Linguística – PUCRS.

e processamento da leitura, envolvendo a geração de materiais virtuais de ensino e o uso de ferramentas também virtuais para investigação.

Justifica-se socialmente pelo atendimento a uma demanda de melhoria dos desempenhos em leitura de estudantes adolescentes, revelados nos índices preocupantes das provas do PISA, do SAEB e do SAERS; pedagogicamente, na proposição de um caminho que contribua para a solução de dificuldades de compreensão leitora de alunos em finalização do Ensino Fundamental, reconhecidas por pais, professores, pesquisadores e órgãos oficiais; e cientificamente nos resultados de estudos e pesquisas sobre compreensão e processamento da leitura já obtidos pela comunidade acadêmica e especificamente pela autora do projeto.

Situado na Psicolinguística em interface interna com a Linguística do Texto e externa com a Educação e a Computação, teve como direção teórica a compreensão da leitura, apoiada especialmente por Goodman (1991), Colomer e Camps (2002), Smith (2003), Pereira (2006, 2008, 2009) e Pereira e Piccini (2006); e os estudos sobre coerência e coesão, baseados fundamentalmente em Charolles (1978), Halliday e Hasan (1976). Para seu desenvolvimento, os materiais pedagógicos virtuais foram produzidos com base em estratégias de leitura, com ênfase na predição e gerados em MXFlash. A compreensão dos alunos foi verificada por meio de pré e pós-teste em formulário eletrônico e suas percepções foram examinadas por meio de manifestações sobre o trabalho, implantadas em um *blog* da turma.

Seus objetivos específicos foram: produzir e programar materiais virtuais de ensino da compreensão leitora dirigidos a alunos de 8ª série do Ensino Fundamental; elaborar instrumento virtual de pesquisa da compreensão leitora a eles também dirigidos; construir e implantar um *blog* do grupo; aplicar os materiais produzidos em oficinas monitoradas por acadêmicos de Letras e da Computação e pelo bolsista júnior; analisar os benefícios das oficinas no que se refere à compreensão leitora dos alunos; e verificar as percepções dos escolares sobre o trabalho realizado.

Associadas a esses objetivos, constituíram-se questões centrais de pesquisa: a) qual o benefício das oficinas com materiais virtuais para o desempenho em compreensão leitora dos alunos? b) quais suas percepções sobre o trabalho desenvolvido?

Participaram da pesquisa 3 acadêmicos de Letras, 1 mestrando em Linguística, 1 estagiário da Computação, 21 alunos de 8ª série do Ensino Fundamental e 1 bolsista FAPERGS PROBIC Jr. – também aluno de 8ª série (ingressando no Ensino Médio no segundo semestre do trabalho) –, de modo a favorecer a construção dos caminhos pertinentes para os sujeitos da pesquisa e o estabelecimento de interlocução produtiva.

A metodologia se caracterizou pela realização de trabalho cooperativo em torno de ações de ensino e pesquisa envolvendo produção, geração e aplicação de materiais virtuais constituídos de atividades de coerência e coesão e de instrumentos de pesquisa – pré e pós-teste de compreensão leitora dos alunos e comentários descritivos dos participantes e construção de um *blog* do grupo para acolhimento e compartilhamento de tarefas de leitura realizadas pelos alunos e de manifestações sobre o trabalho em realização.

Assim delineado, o estudo aqui relatado trouxe a possibilidade de contribuir para o atendimento de necessidades sociais e pedagógicas na área da leitura, oriundas da comunidade escolar, e de demandas científicas, da academia.

1. O ensino e a pesquisa

Inicialmente, foi realizada a capacitação teórico-prática dos participantes para atuação no projeto. De posse das informações necessárias, a equipe constituída deu início às tarefas específicas previstas.

Após isso, o primeiro passo foi a definição dos textos que seriam utilizados para a produção das atividades virtuais. Foi escolhida a revista *Mundo Estranho*,[1] da Editora Abril, pelo fato de que suas matérias são destinadas ao público jovem, o que despertaria o interesse dos alunos. Os textos são do gênero curiosidade científica e são pouco extensos, o que possibilita a leitura, compreensão e realização das atividades em um curto espaço de tempo. A escolha dos textos foi feita pelo bolsista júnior. Assegurou-se, assim, que os assuntos fossem condizentes com a idade e com o campo de interesse dos sujeitos.

A partir da escolha dos textos, foram definidos os tópicos de coesão e coerência que seriam utilizados em cada atividade, com base em Halliday e Hasan (1976) e Charolles (1978). Foi estabelecido que seriam construídas 3 atividades de exploração de cada um dos tópicos e 2 para os testes (1 para o pré-teste e 1 para o pós-teste), sendo eles: coerência (manutenção temática, progressão temática), coesão lexical (sinonímia, associação por contiguidade), coesão gramatical (referenciação, conjunção).

Foram então elaboradas as atividades, de acordo com o conteúdo e as características de cada texto. Enquanto estavam sendo elaboradas as atividades, as que estavam prontas e passíveis de programação eram enviadas à equipe que desempenhou tal função. O bolsista júnior, devido aos conhecimentos de programação em *Flash*, pôde também contribuir nessa etapa.

Para a criação dos intrumentos de pesquisa, foi decidido elaborar mais uma atividade de cada tópico – somando então um total de 4 por tópico –, que seria utilizada no início e no término das oficinas como intrumento de pré e pós-teste. Essas oito

[1] Todas as edições utilizadas estão referidas junto aos textos nas atividades virtuais.

atividades foram também, após sua elaboração, enviadas para a equipe de programação.

Os materiais pedagógicos e os intrumentos de pesquisa apresentavam a mesma interface. Desenvolvidos em *Flash* e utilizando o navegador *Internet Explorer* para reprodução, apresentavam a ordem do exercício proposto, o texto escolhido, a referência dele e a atividade propriamente dita. Era disponibilizado também um botão "confirmar" para que o aluno fizesse a verificação de sua resposta. Se a atividade estivesse correta, uma mensagem (MUITO BEM) aparecia. Do contrário, outra mensagem (TENTE NOVAMENTE) era apresentada. Ainda, se a atividade estivesse correta, era liberado ao aluno um botão (TEXTO NA ÍNTEGRA) que lhe disponibilizava a versão integral do texto, sem adaptações ou lacunas, segundo o caso da atividade. A única diferença que havia entre os materiais pedagógicos e os instrumentos era a presença do botão "confirmar", que não era necessário nestes últimos.

Após a etapa de programação em *Flash,* foi feita uma revisão de todas as atividades, incluindo as que seriam utilizadas como pré e pós-teste, para verificação de erros de linguagem, de planejamento e de programação. Sanados esses problemas, o bolsista realizou todas as atividades, testando-as, e verificou problemas que necessitariam ainda de solução.

Para ilustração, é apresentada a seguir uma das atividades programadas, que tem como tópico a coesão lexical, no que se refere à associação por contiguidade. É disponibilizado ao aluno um texto (*De onde vem a água do caminhão de bombeiro?*) para que faça uma leitura atenta. Abaixo do texto há 8 palavras retiradas do texto (caixa 1), cabendo ao aluno identificar as que estão em associação por contiguidade com *caminhão de bombeiro* (caixa 2) e as que não têm essa relação (caixa 3). Realizada a tarefa, o aluno clica no botão *confirmar,* recebendo frases de *feedback*. Tendo recebido resposta de que realizou sua tarefa corretamente, pode clicar no botão *texto na íntegra*, para fazer sua leitura novamente.

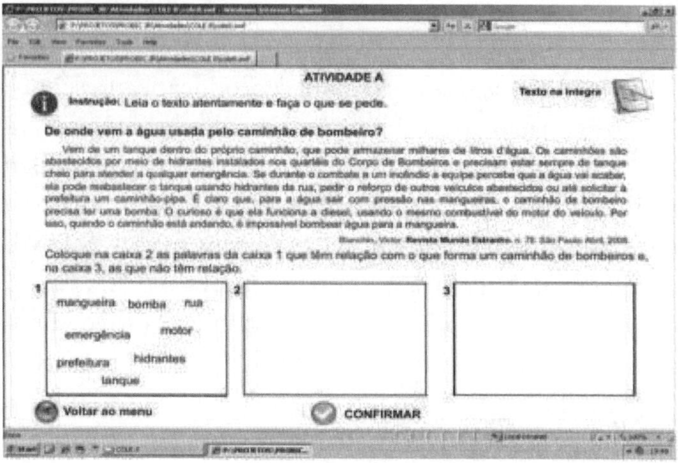

Após o planejamento, a produção e a geração dos materiais pedagógicos e dos intrumentos virtuais, foi criado o *blog* do grupo e escolhida, para realização das oficinas e aplicação dos instrumentos, uma turma de 8ª série do E.F. de uma escola da rede estadual de ensino.

Foram 10 dias de trabalho (20h), sendo destinados os dois primeiros e os dois últimos para aplicação dos instrumentos de pré e pós-teste e os demais para as oficinas. A escola dispunha de laboratório de informática que diponibilizava um computador para cada dois alunos, o que exigiu dividir a turma em 2 grupos. Cada grupo realizava as atividades e, a seguir, depositava suas impressões sobre o trabalho no *blog*, assinando a postagem para que fosse possível identificar quem escrevia. O bolsista júnior esteve presente em todas as oficinas e participou ativamente, auxiliando tanto em aspectos técnicos quanto na resolução das atividades.

Realizadas as atividades, preenchidos os intrumentos de pesquisa, depositadas as impressões dos alunos no *blog*, seguiu-se a etapa de organização dos dados coletados, com vistas à obtenção dos resultados.

2. A organização dos dados e os resultados

Cada teste valia 10 pontos, tendo sido solicitado ao aluno o que segue:

- para avaliação da coerência textual (20 pontos) – 1 atividade de manutenção temática e 1 atividade de progressão temática;
- para avaliação da coesão lexical (20 pontos) –1 atividade de sinonímia e 1 atividade de associação por contiguidade;
- para avaliação da coesão gramatical (20 pontos) – 1 atividade de referenciação e 1 atividade de conjunção.

Considerando-se tais características e definições de valores, seguem os escores totais alcançados pelos 21 sujeitos, por teste.

Tabela 1 – Escores de compreensão leitora

TÓPICO	PRÉ-TESTE	PÓS-TESTE
Progressão temática	71	103
Manutenção temática	165	195
Assoc. contiguidade	90	120
Sinonímia	194	204
Referenciação	138	172
Conjunção	50	70
TOTAIS	708	864

Os dados da tabela 1 indicam que houve um expressivo crescimento dos sujeitos em cada um dos tópicos, comparando os do pré-teste e os do pós-teste. Dada a pontuação máxima possível de 1260 pontos para os 21 sujeitos, estes tiveram um aproveitamento de 56,2% no pré-teste e de 68,5% no pós-teste, o que indica bom crescimento, mas dificuldades de compreensão leitora.

Os comentários postados no *blog* evidenciam uma excelente percepção dos alunos com relação ao trabalho realizado, estando alguns deles apresentados a seguir.

> O trabalho com as atividades foi muito interessante, além das atividades que testaram o conhecimento sobre a língua portuguesa. Alguns foram bem desafiadores, alguns já não, vários exigiram diversas tentativas. Foi um trabalho legal.
>
> Eu achei as atividades muito interessantes, pois não é muito cansativo, e eu acho que desenvolve a capacidade de percepção do aluno. As atividades foram desenvolvidas para "testar" se o aluno realmente lê o texto ou marca qualquer uma sem ver, nem se quer o que esta escrito. Também achei interessante por que eu não sabia que existia no mercado um protótipo de um carro voador. No mais eu acho que era isso.
>
> O projeto de vocês foi bem divertido e completamente diferente. Que eu me lembre, nunca tinha participado de algum projeto parecido no colégio. Os textos e as atividades foram bem elaboradas. Continuem assim, para melhor, beijão!
>
> Achei bem interessante, pois nos ensinou de uma forma mais fácil e divertida, porque os textos eram curtinhos e bem legais, e o projeto foi muito bom.
>
> Realizamos atividades, os textos falavam sobre diversos assuntos como o Caveirão, o Corpo de Bombeiros, e sobre insetos. Achei bem interessantes as atividades, e os textos me mostraram coisas novas. Fizemos atividades de completar com palavras do texto, e de puxar palavras de acordo com o contexto. Achei bacanas as atividades e não tive muita dificuldade!
>
> Fizemos 3 atividades sobre sinônimos, eram difíceis, tive que pensar muito para responder, gostei, porque tinha uma que falava sobre futebol. Eu aprendi que os sinônimos são fáceis, é só prestar atenção.
>
> Hoje eu gostei bastante dos exercícios, teve um exercício sobre o vulcão que não dava certo, mas até que enfim, o professor nos ajudou, foi muito legal vendo todos os meus colegas querendo descobrir qual era a palavra que tava errada. Adorei as três atividades foram bem pensadas novamente!

Realizamos três atividades, que falavam sobre o Papai Noel, sobre o líquido que não molha, sobre a energia dos humanos. As atividades deviam escolher uma das palavras de acordo com o texto. Achei bem interessante o texto, e gostei bastante.

Considerações finais

Fechando o presente capítulo, cabe salientar alguns aspectos do processo desenvolvido, dos resultados obtidos e da relevância do trabalho com materiais virtuais na escola, em interação com a academia.

O processo desenvolvido teve uma natureza peculiar – alunos de 8ª série como alunos de oficinas para desenvolvimento da compreensão leitora e um aluno também de nível escolar como bolsista de pesquisa, programando os materiais e instrumentos e aplicando-os nas oficinas. As características dessa situação contribuíram para a seleção adequada dos textos, para a programação compatível com os sujeitos, para a aplicação confortável, o que provavelmente favoreceu a obtenção de resultados positivos.

Tais resultados estão expressos nos escores de compreensão leitora alcançados pelos alunos, com evolução expressiva do pré para o pós-teste, em todos os tópicos de coerência e coesão, evidenciando desenvolvimento no desempenho. Encontram-se também nas manifestações dos sujeitos, indicando o material virtual como agradável e produtivo para trabalho na escola.

Assim organizado, o presente relato contribui para afirmar a importância do trabalho com materiais virtuais na escola, em parceria com a academia, e a relevância de sua continuidade.

Referências bibliográficas

CHAROLLES, M. Introduction aux problèmes de la cohérence des textes. *Langue Française*, Paris: Larousse, n. 38, p. 7-41, 1978.

COLOMER, T.; CAMPS, A. *Ensinar a ler e ensinar a compreender*. Porto Alegre: Artes Médicas, 2002.

GOODMAN, K. S. Unidade na leitura: um modelo psicolinguístico transacional. *Letras de Hoje*, Porto Alegre: EDIPUCRS, n. 86, p. 9-43, dez. 1991.

HALLIDAY, M. A. K.; HASAN, Ruqaiya. *Cohesion in English*. London: Longman, 1976.

PEREIRA, Vera Wannmacher. Computer-Based Learning of Reading and Writing in Elementary School. In: CESTARI, Maria Luiza; MAAGERO, Eva; TONNESSEN, Elise Seip (Org.). *Networking Cultures*, 1. ed. Kristiansand: Portal Books, v. 1, p. 107-117, 2006.

_______. Compreensão leitora de alunos do Ensino Médio. *Revista Virtual de Estudos da Linguagem*, v. 6, p. 1-15, 2008. Disponível em: <http://www.revel.inf.br/>.

_______. Estratégias de leitura virtuais e não virtuais no Ensino Fundamental. In: CONGRESSO INTERNACIONAL DE LINGUÍSTICA, 2009, João Pessoa. *Anais do VI Congresso da ABRALIN*. João Pessoa: ABRALIN, 2009. v. 2, p. 1-5.

PEREIRA, V. W.; PICCINI, M. Preditibilidade: um estudo fundado pela Psicolinguística e pela Informática. *Letras de Hoje*, Porto Alegre: EDIPUCRS, n. 144, p. 305-24, jun. 2006.

SMITH, F. *Compreendendo a leitura*. Porto Alegre: Artes Médicas, 2003.

Parte 3

Avaliação da produção multimídia no ensino

COMO AVALIAR SOFTWARES PARA A PRODUÇÃO MULTIMÍDIA NA SALA DE AULA?

Elenice Maria Larroza Andersen*

Introdução

No início deste livro, dissemos que, na sociedade contemporânea, o uso de tecnologias da informação e da comunicação em sala de aula é inevitável para que a escola assuma o compromisso de criar condições para os alunos terem acesso ao conjunto de conhecimentos socialmente elaborados e reconhecidos como necessários ao exercício da cidadania (BRASIL, 1998). Dissemos, ainda, que, apesar de a utilização dessas tecnologias na sala de aula ser uma necessidade, não é o bastante apenas equipar as

* Doutora em Linguística. Professora adjunta da Universidade Federal do Pampa. Tutora do Programa de Educação Tutorial do Ministério da Educação (PET/MEC).

escolas com máquinas. Antes, é essencial um exercício de reflexão sobre os potenciais dos recursos tecnológicos[2] para alcançar esse compromisso maior, observando-se critérios para a seleção de programas adequados à realidade dos alunos.

No primeiro capítulo, apresentamos propostas de critérios a serem adotados pelo professor com base em dimensões intra e extraescolares para a elaboração de projetos pedagógicos com o uso de recursos tecnológicos. Neste capítulo, conforme prometemos, apresentamos ao professor propostas de critérios referentes à avaliação da usabilidade dos programas de produção e edição multimídia, a fim de que o docente tenha parâmetros quando busque selecionar os softwares mais adequados às práticas de produção multimídia em sala de aula.

É importante mencionarmos que nossa discussão enfoca programas e serviços alternativos, de fácil manuseio, disponibilizados sem custo na internet, que facultem o trabalho nas escolas públicas com novas formas de produção textual, integrando a linguagem verbal com a não verbal. Nesse sentido, nosso interesse recai sobre softwares de produção e edição de mídias, e não sobre softwares educativos. Embora reconheçamos a importância dos softwares voltados para a educação, nosso posicionamento é o de evitar circunstâncias artificiais de uso, acreditando que é mais proveitoso trabalhar com programas não escolarizados, mais próximos à realidade de produção de mídias dos usuários da internet. Nossa escolha fundamenta-se no princípio de proporcionar condições para que o aluno tenha experiências com situações concretas de usos das linguagens, situações socialmente construídas, para a sua inserção social, conforme a discussão proposta no primeiro capítulo deste livro.

---

[2] Assim como no primeiro capítulo, o termo "tecnologia" está sendo usado em sentido lato, sem pretensões técnicas. Como o livro não se pretende teórico, uma vez que seu enfoque está mais voltado para a prática, acreditamos que os significados dados ao termo podem ser facilmente compreendidos a partir dos contextos.

Com efeito, apresentamos nossa proposta a partir da noção de "usabilidade". Usabilidade é entendida aqui conforme a Norma ISO 9241 (1998), isto é, como "a capacidade de um produto ser usado por usuários específicos para atingir objetivos específicos com eficácia, eficiência e satisfação em um contexto de uso específico". Dessa forma, podemos arrolar diferentes critérios conforme os objetivos de uso do software. Em nosso caso, os objetivos envolvidos focalizam a avaliação dos potenciais de um software de produção multimídia para o uso na educação básica.

Para a construção dos critérios, sustentamo-nos em estudos sobre usabilidade, tanto no que diz respeito ao design do software quanto no que se refere ao potencial pedagógico. Assim sendo, as próximas seções aludirão a esses aspectos da usabilidade. Conforme apresentarmos e discutirmos esses aspectos, exemplificaremos como se dá essa avaliação, por meio da análise ilustrativa do software Pixton, que é um editor on-line de Histórias em Quadrinhos (doravante HQs).

1. Da usabilidade de design de softwares de produção e edição multimídia

A usabilidade de design diz respeito à aceitação de um software relativamente à superfície que aparece na tela, ou seja, da interface com a qual os usuários interagem. Em outras palavras, refere-se ao quão acessível e agradável é para o usuário o uso das funcionalidades apresentadas na tela do computador por meio de ícones, menus, linhas de comando, entre outros.

Para Rocha e Baranauskas (2003), a avaliação de uma interface tem três grandes objetivos: avaliar a funcionalidade do sistema, avaliar o efeito da interface junto ao usuário e identificar problemas específicos do sistema. Essa estrutura proposta pelas autoras, originalmente para que os designers aprimorem seus produtos, será adaptada neste texto à avaliação da usabilidade de design de um software para seu uso em sala de aula.

De acordo com nosso entendimento, o professor deveria começar por uma avaliação da funcionalidade do sistema, na condição de usuário. Se considerar que a turma possui maturidade suficiente, seria ainda mais interessante professor e alunos avaliarem colaborativamente os softwares disponíveis, para selecionarem juntos os programas que considerarem mais adequados para as suas produções.

A funcionalidade do sistema pode ser observada no sentido de sua adequação aos requisitos da tarefa do usuário, ou seja, "o design do sistema deve permitir ao usuário efetuar a tarefa pretendida e de modo mais fácil e eficiente" (ROCHA; BARANAUSKAS, 2003, p. 163). Em seu primeiro contato com o software, o professor deve perguntar-se quão fácil foi realizar a tarefa pretendida no software. Se o software for demasiadamente complexo ou pouco intuitivo, são grandes as chances de os alunos perderem o interesse pela atividade proposta por não compreenderem as funções básicas do sistema. O ideal é começar com programas mais simples e, conforme os alunos usuários adquiram competências no uso desses softwares, pode-se avançar para programas mais complexos. Embora o software possa apresentar recursos que permitam produções multimídia de alto nível, não será adequado se o aluno não conseguir utilizar facilmente tais recursos.

Em um segundo momento, ainda adaptando a proposta de avaliação da usabilidade de softwares de Rocha e Baranauskas (2003) especificamente para a sala de aula, entendemos que o professor terá mais sucesso no uso de um programa se considerar estas determinantes:

- A interface é atrativa? Seu uso é agradável?
- As características da interface sobrecarregam o usuário (por exemplo, exigem que o usuário relembre constantemente as funções)?

- Quão fácil é aprender a usar o sistema?

Para observarmos como se dá essa avaliação inicial, vamos ilustrar a análise a partir do já referido software de edição on-line de HQs, o Pixton,[3,4] examinando a versão gratuita "Pixton pour Diversão". Primeiramente, observemos sua interface inicial:

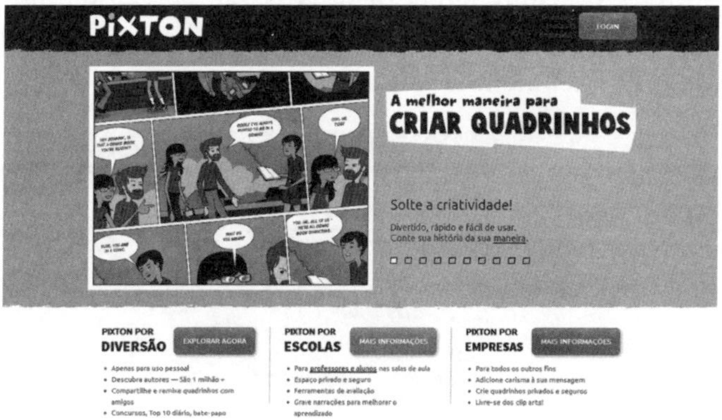

Como podemos notar, a interface inicial é atrativa. Existe harmonia entre as cores, que, ademais, contribuem para chamar a atenção do usuário para as diferentes informações apresentadas. Afora isso, está em destaque uma imagem que remete às possibilidades de produções permitidas pelo software, incentivando o uso da ferramenta. Nesse sentido, observemos, também, a presença de frases de estímulo, com o uso do imperativo "solte a criatividade", "conte"; a recorrência a adjetivos "melhor", "divertido", "fácil"; e o uso de pronomes possessivos em "sua história", "sua maneira", que conduzem à sensação de pertença, de autoria.

Notemos, igualmente, que a distribuição das informações verbais e visuais está equilibrada, as frases são curtas, dispostas em tamanhos e fontes diferentes, em localizações e fundos em

---

3 O endereço eletrônico do software é www.pixton.com.br.

4 Para maiores informações sobre como usar o programa, veja-se o tutorial disponível em: www.pixton.com/category/tutorials.

destaque e em pouca quantidade, estimulando a atenção, o que atende ao princípio de não sobrecarregar o usuário.

O princípio de não sobrecarregar o usuário também contribui para o quesito da facilidade para aprender a usar o sistema.[5] Observemos o "botão" *login*, em destaque na cor azul, contrastando com o preto, no canto superior direito, que direciona intuitivamente o usuário para clicar ali. Assim, uma nova janela se abrirá, direcionando facilmente o cadastro:

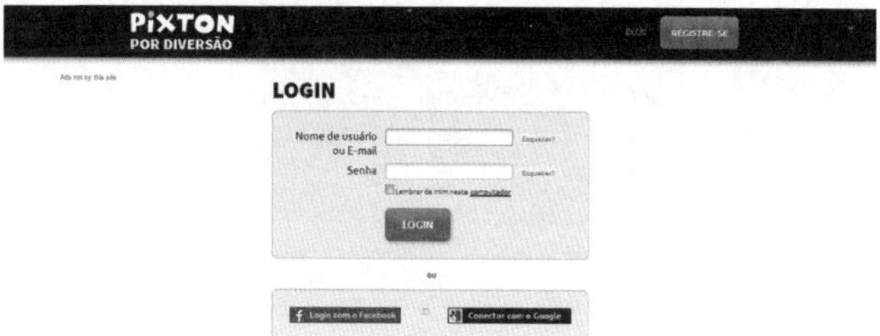

Atendidas essas determinantes iniciais, são boas as chances de o professor despertar o interesse dos alunos para o uso da ferramenta, de modo que possa passar para o próximo passo de avaliação da usabilidade de design do software.

Rocha e Baranauskas (2003, p. 170) apresentam princípios de usabilidade de Nielsen (1993), denominados heurísticas. Entre as heurísticas apresentadas pelas autoras, adaptamos ao que consideramos adequado para o professor avaliar:

- O programa fornece adequadamente informações para orientar o usuário, com uma linguagem familiar e em ordem natural e lógica?

[5] Tendo em vista os objetivos deste capítulo, que não se pretende técnico, usaremos indistintamente os termos "programa", "software" e "sistema".

- O programa permite que o usuário reconheça e corrija facilmente um erro, quando escolhe por engano alguma função do sistema?
- O programa envia mensagens claras de erro, prevenindo-o antes de ele acontecer e sugerindo solução?
- O sistema segue padrões da plataforma computacional, facilitando o uso?
- O sistema deixa visíveis objetos, ações, opções e instruções?
- Os diálogos apresentados contêm apenas informações relevantes?
- O programa permite que o usuário encontre facilmente ajuda?

Observemos, como exemplo, a avaliação desses princípios no espaço de criação do programa Pixton:

Nesse espaço, podemos notar que o programa orienta o usuário com uma linguagem acessível, em ordem natural (sujeito oculto, verbo, complemento). O diálogo com o usuário é objetivo, evitando informações desnecessárias. Observemos, ainda, que as instruções estão bem visíveis, há uma ordem lógica visualmente organizada por "botões"apresentados em sequência numérica para cada função. Essas características facilitam a exploração do programa pelos usuários, o que é importante no ensino, pois evita o uso demasiado do tempo da aula para aprender a lógica do sistema e permite o melhor aproveitamento do tempo para o exercício de criação da HQ.

Observemos, ainda, a interface seguinte, que mantém as determinantes facilitadoras para a orientação do usuário:

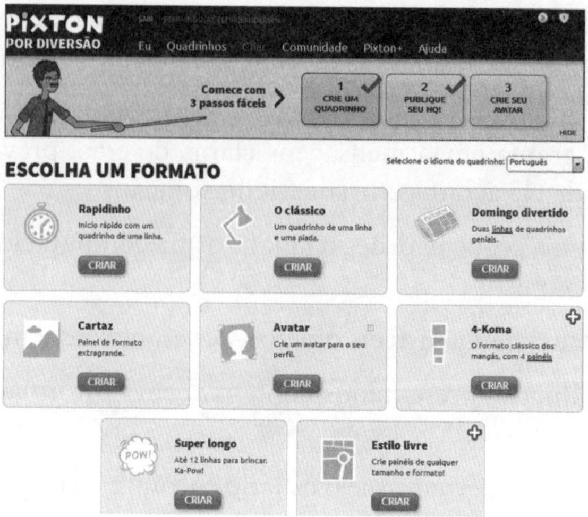

Como podemos verificar, o software oferece diferentes padrões de criação. Para fins ilustrativos de um processo de avaliação, observemos o formato clássico. A interface desse formato é a seguinte:

Após selecionar o layout, o usuário passará o mouse e receberá o aviso "clique para editar". Ao fazê-lo, perceberá essa interface para a edição do quadrinho, com ícones intuitivos, atendendo ao critério de deixar as funções visíveis:

Para o processo de edição, além de fornecer ícones intuitivos, o programa disponibiliza orientações em linguagem acessível, fornecendo ajuda ao usuário. Vejamos os exemplos a seguir:

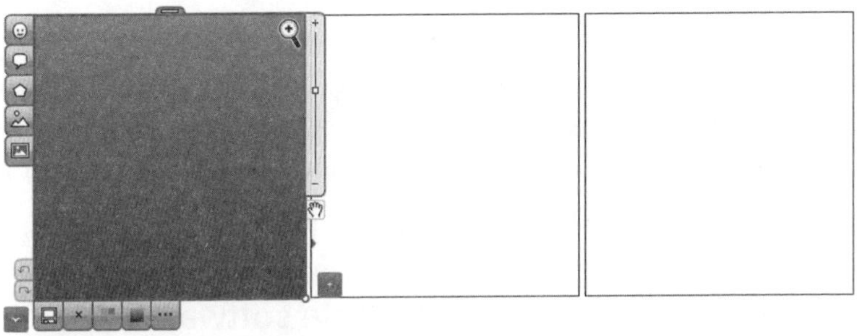

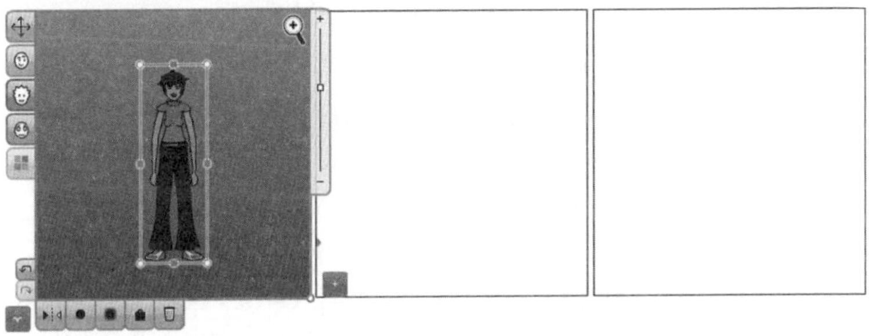

Nesses exemplos, reparemos que os objetos estão visíveis e que basta o usuário passar o mouse pela interface para obter orientações sobre ações, opções e funções, facilitando a exploração para o aprendizado e uso do programa. Observemos, igualmente, que as instruções apresentadas enfocam apenas informações relevantes. Finalmente, a estratégia "clique e arraste" também contribui para facilitar o aprendizado. Nesse sentido, o programa atende à maioria das heurísticas.

Entretanto, o programa não previne erros nem apresenta soluções diante de enganos. Nessa heurística, portanto, deixa a desejar. Desse modo, para o uso desse software em sala de aula, seria importante o professor perceber quais erros de edição são mais recorrentes, a fim de já instruir previamente seus alunos. Se a avaliação for colaborativa, em parceria com os alunos, todos, professores e alunos, podem decidir se a falha é grave o bastante para dificultar o seu uso eficiente, de modo que o programa deva ser desconsiderado.

Em nosso entender, a despeito desse problema, em linhas gerais, o "Pixton pour Diversão" atende aos requisitos mínimos aqui considerados para a usabilidade de design, podendo ser utilizado em sala de aula para a edição de HQs. Dito isso, passemos, agora, à discussão acerca do design pedagógico.

2. Da usabilidade pedagógica de softwares de produção e edição multimídia

De acordo com Abreu (2010, p. 35), a usabilidade pedagógica "está associada aos critérios e recomendações de usabilidade com a finalidade de satisfazer as necessidades dos alunos para a realização de tarefas propostas através de componentes da interface do material de aprendizagem". Diversas pesquisas (Abreu, 2010; Reitz, Lima e Axt, 2011) têm apontado questões pertinentes para avaliar a usabilidade pedagógica de sistemas educativos. Entretanto, como já informamos, nossa proposta não se encerra em softwares voltados para a educação; ao contrário, nossa perspectiva pedagógica é a de uso de softwares de produção multimídia autênticos, que circulam socialmente na internet e que sejam disponibilizados sem custos, permitindo a criação de mídias não artificiais e a publicação em contextos reais de uso, para, assim, serem aplicados no ensino, contribuindo para a inclusão digital e, por conseguinte, para a inclusão social.

Com base nessa concepção pedagógica, elaboramos questões que entendemos atender a nossa estratégia. O professor poderá aplicar o questionário para seus alunos. Porém, é importante ressaltar que essas questões podem e devem ser adaptadas pelo docente conforme a realidade de seu trabalho. Além disso, é preciso um conhecimento prévio acerca da construção composicional da mídia a ser trabalhada, como vimos na discussão sobre gêneros no primeiro capítulo. Assim sendo, apresentaremos, a seguir, uma sugestão de questionário voltado para a aprendizagem da mídia, mantendo a ideia de comentá-lo com base no programa Pixton supracitado:

1. O programa permite a criação da mídia de forma adequada às produções autênticas?
2. As opções da interface permitem aprender sobre a composição da mídia?
3. As ferramentas de edição favorecem a edição de acordo com a composição da mídia?
4. O programa oferece exemplos de produções possíveis com o uso do sistema?
5. O programa tem a opção de compartilhamento das produções, permitindo a circulação social das produções?
6. As publicações no sistema garantem o direito à autoria?

No caso da primeira questão, o programa Pixton atende aos principais requisitos de produção de HQs. Ele disponibiliza várias opções. Porém, a versão gratuita não permite uma criação mais livre, o que limita um pouco a autenticidade das produções.

Na questão relativa à aprendizagem da composição da mídia, cada nova janela do Pixton pode ser compreendida como uma estratégia de ensino do passo a passo de construção de uma HQ.

Como vimos, o programa possibilita ao aluno aprender sobre as múltiplas possibilidades de layout de uma HQ, observando a organização em linhas e o quadro a quadro para a sequência narrativa. Além disso, os ícones de edição proporcionam ao aluno a aprendizagem acerca de cenas e da caracterização de personagens. Oferece, ainda, as ferramentas de edição de expressões e de zoom, que permitem o aluno compreender e explorar as construções de sentido oriundas do tratamento integrado da informação verbal com a visual.

Quanto à questão 4, o software oferece vídeos de treinamento que ilustram as possibilidades de edição. Esses vídeos estão em inglês, mas apresentam legendas em português. Além disso, como o programa funciona como uma espécie de rede social, também possibilita ao usuário explorar publicações de outras pessoas, o que serve tanto para a aprendizagem por meio de exemplos de usos possíveis no sistema (questão 4), quanto para a circulação social das produções (questão 5). É importante destacar que o sistema faculta a possibilidade de escolha para o usuário publicar ou não suas produções. No caso de o usuário querer compartilhar suas produções, elas ficam registradas com o nome informado no cadastro, garantindo a autoria. Em suma, dentro dos parâmetros que aqui propomos, o software se mostra adequado para a usabilidade pedagógica.

Considerações finais

Neste capítulo, procuramos apresentar propostas de como pode ser feita a escolha de programas para a construção de um projeto pedagógico de produção multimídia e procuramos demonstrar como se dá esse processo por meio da avaliação da usabilidade de design e pedagógica do editor de HQs on-line Pixton. Essa avaliação objetivou, ainda, complementar as estratégias e critérios apresentados no primeiro capítulo, atendendo ao nosso princípio de levantar programas e serviços disponibilizados gratuitamente na internet, que permitam a produção do gênero e que sejam, de fato, utilizados entre os usuários da rede. Esperamos ter contribuído para esse propósito.

Referências bibliográficas

ABREU, Ana Célia Bastos de. *Avaliação de usabilidade em softwares educativos*. 2010. 108 p. Dissertação (Mestrado Integrado Profissional em Computação Aplicada). Centro de Ciências e Tecnologia, Universidade Estadual do Ceará, Fortaleza, 2010.

BRASIL, Ministério da Educação e do Desporto. *Parâmetros Curriculares de Língua Portuguesa*. 5ª a 8ª séries. Brasília: 1998.

REITZ, Doris Simone; LIMA, José Valdeni de; AXT, Margarete. Usabilidade e desempenho de alunos em e-learning. *Informática na Educação*: teoria & prática, Porto Alegre, v. 14, n. 1, p. 137-151, jan./jun. 2011.

ROCHA, Heloísa Vieira da; BARANAUSKAS, Maria Cecília Calani. *Design e avaliação de interfaces humano-computador*. Campinas: Universidade Estadual de Campinas, 2003.

AVALIANDO AS PRODUÇÕES MULTIMIDIÁTICAS DOS ALUNOS

CAROLINA FERNANDES*

> "Os gestos mudam segundo os tempos e lugares, os objetos lidos e as razões de ler. Novas atitudes são inventadas, outras se exigem."
>
> *Roger Chartier*

Considerações iniciais

Os Parâmetros Curriculares Nacionais (1998) e a Lei de Diretrizes e Bases da Educação Nacional (1996) já alertam, desde a penúltima década, que o professor deve centrar o ensino de Língua Portuguesa em textos variados de diversos gêneros textuais, que estejam em consonância com a vivência do aluno. O professor é orientado pelos documentos oficiais a levar para sala de aula

* Professora do curso de Letras da Universidade Federal do Pampa.

textos que o aluno utiliza no seu cotidiano. Bem sabemos que o jovem de hoje está cada vez mais afastado do material verbal impresso e imerso no universo virtual das letras, sons e imagens através do computador, celular, *tablet*, *iphone*, entre tantos outros aparelhos eletrônicos.

Segundo a LDB (1996), o ensino de Língua Portuguesa deve estar pautado no estudo do texto, considerando *as novas tecnologias* que servem de meio de aprendizado para o *conhecimento das formas contemporâneas de linguagem.*

Interpretando essa nova abordagem do ensino de língua portuguesa, Freitas (2008, p. 45) mostra que documentos oficiais como os PCNs:

> indicam que a escola, como espaço institucional de acesso ao conhecimento, precisa atender às demandas das transformações dos níveis de leitura e escrita, realizando uma revisão substantiva de suas práticas de ensino para que essas possibilitem o aluno a aprender a linguagem a partir da diversidade de textos que circulam socialmente.

A escrita multimidiática já faz parte da cultura dos jovens e ela deve estar presente no universo escolar como atestam os PCNs e a LDB. Se o sujeito é inscrito na sociedade por meio da linguagem (Orlandi, 1996), e esta se diversifica, é nessa diversidade que a escola deve construir sua pedagogia. O aluno é sujeito social, e, assim, sujeito de linguagem. Como as novas tecnologias criaram novas formas de expressão, a linguagem também modificou suas formas: agora não se faz apenas por meio das letras, mas é "multifacetada", como já apontava Saussure (2006) no início do século XX. São esses textos híbridos de letras, sons e imagens que compõem o repertório de leitura de nossos alunos atualmente. Não podemos fugir dessa realidade. Não podemos fugir dessa mudança cultural.

As novas tecnologias de informação, as TICs, que já nem são tão novas assim (vale dizer que o *personal computer* data da década de 1970), fizeram crescer e consolidar outras formas de produção de sentidos. Esses outros modos de significar também demandam novos modos de leitura e escrita, como salientam alguns teóricos como Orlandi (2008) e Chartier (2009). E, nessa conjuntura, faz-se necessária uma nova didática. Não é possível mudar o suporte textual e não deslocar o olhar que se lança sobre o texto. O professor não pode continuar corrigindo o texto do aluno com a caneta vermelha, assinalando as inadequações ortográficas e gramaticais como sempre fez no texto impresso. A intervenção no material produzido pelo aluno também se modifica com a presença das mídias em sala de aula.

O texto hoje não é mais um amontoado de letras escritas no papel e entregue à professora no final da aula. É multimidiático, seu corpo é multiforme. Ele faz barulho, é colorido, dança e canta, faz as letras correrem ou fugirem de um suporte que não é exclusivamente o papel, é uma tela, tela essa intocada pela caneta do professor. O conceito de texto pode ser adotado na perspectiva de Orlandi (2008, p. 9), que o define como sendo "espaço significante", cuja formulação, elaboração, diz respeito ao processo de "dar corpo aos sentidos", dar uma forma à linguagem, e essa forma é variada, como indica:

> Escrito, ou oral, letra ou sinal, superfície plana ou multidimensional, parede, papel, faixa, letreiro, painel, corpo. Textura, tamanho. Cor, densidade, extensão, tudo significa nas formas de textualização, nas diversas maneiras de formular (ORLANDI, 2008, p. 205).

Para Geraldi (2006), o problema da educação está justamente na dificuldade de se reconhecer essa mudança. O discurso de que o jovem de hoje, "em plena era da comunicação", não consegue estruturar linguisticamente seu pensamento em uma sentença contradiz a própria referência ao tempo. Não é preciso usar da linguagem formal escrita para "expressar o pensamento", ou, ainda, para produzir sentido basta que se estabeleça uma unidade significativa, um texto, que como vimos não precisa ser verbal apenas.

Então o professor se convence da necessidade de se atualizar e faz cursos de aperfeiçoamento. Resolve que precisa aprender a usar *softwares* variados que vão lhe auxiliar no ensino de leitura e produção textual. Esse professor moderno leva seus alunos ao ambiente informatizado, passa-lhes o conhecimento aprendido sobre as ferramentas, ou até mesmo aprende mais um pouco com seus alunos. Trabalho feito. Textos produzidos. E agora, professor? Como avaliar essas produções multimidiáticas?

Neste texto, procuro lançar caminhos para facilitar o trabalho desse profissional, apontando estratégias para que ele próprio consiga forjar seus critérios de avaliação e possa computar as novidades não só na metodologia empregada em aula, mas também na concepção que tem do processo avaliativo.

Como avaliar textos multimidiáticos?

Do que vale o professor dinamizar suas aulas utilizando ferramentas variadas se, no momento de avaliar o aluno, ele considera apenas os aspectos formativos do texto verbal? Ou o esforço do aluno é contabilizado em um critério vago como criatividade? Como se quantifica a criatividade? Ou o interesse, que se pode resumir no fato de o aluno ter-se comportado na sala de informática. É preciso estabelecer novas estratégias de avaliação que possam dar conta do dinamismo do material produzido pelo aluno.

Já vi professores utilizarem *softwares* avançados para propor atividades de escrita de diversos gêneros textuais em aula e, no momento de avaliar, levaram em conta apenas a ortografia ou a pontuação utilizadas no texto verbal. E todo o material audiovisual que o aluno selecionou e teve o trabalho de editar no texto? As combinações feitas com o propósito de criar certo efeito de sentido? Isso fica à margem da avaliação. E o sentimento do professor é aquele de que "pelo menos eles [os alunos] se divertiram".

E a diversão acaba quando chega a nota ou o conceito e vê-se que as habilidades multimodais não são necessárias, o que vale mesmo é o "velho e sempre exigido português padrão". As TICs acabam servindo como novos meios para o ensino do mesmo: a gramática normativa.

Ressalto que, se o ensino atual da língua não se centra mais nas regras, mas no texto e este já assumiu outras concepções, é necessário rever os modos de avaliação desse trabalho, considerando as novas condições de produção que vão delimitar novos modos de interpretação e expressão.

Chartier (2009) salienta que o modo de ler e escrever se altera durante a história das produções textuais. As condições da escrita do texto escolar na utilização das multimídias modifica a relação entre linguagem e mundo. A linguagem não reflete mais um pensamento ordenado, lógico, ela é sensorial. A linguagem de hoje é auditiva e sensitiva; é fundamental tocar na linguagem, senti-la em sua espessura. Por isso, o uso das diferentes mídias tem de ser valorizado no ensino e, para que isso ocorra, deve-se prever um critério de avaliação para o uso dessas linguagens.

Para exemplificar, cito um trabalho escolar divulgado no site *YouTube*[1] que faz uma recriação audiovisual do poema *Ismália* do poeta simbolista Alphonsus de Guimaraens. O vídeo apresenta uma sequência de quadros contendo desenhos em tons de cinza. A forma da ilustração é plana e bidimensional, fazendo-nos notar um desenho muito simples, sem nenhuma pretensão estética (imagem 01). Além das imagens, o vídeo conta com a sonoridade

1 Disponível em: <http://www.youtube.com/watch?v=pS6RLYr8BRQ&feature=related>.

da canção *Comptine d'un autre été*, de Yann Tiersen, composição conhecida pela trilha sonora do filme francês *O fabuloso destino de Amélie Poulin*. A melodia é suave e combina com a forma de reprodução das imagens: estas passam como se fizessem parte de um filme mudo, tal qual aquelas produções do início do cinema.

Imagem 1. A ilustração remete à loucura de Ismália.

Se não fosse pela melodia da composição de Yann Tiersen e o efeito de reprodução das imagens, a versão causaria outro efeito, mais cômico do que trágico. A melodia suave e triste acompanhada da sobriedade das cores e da reprodução das imagens contribui para gerar o efeito melancólico da saga de Ismália. Embora os alunos tenham limitações quanto à representação física da personagem – nota-se que seus membros são representados apenas por linhas (imagem 02) –, a combinação das diferentes mídias é que faz com que o texto não se torne uma versão infantilizada do trágico poema.

Imagem 2. A personagem Ismália na torre, como descreve o poema.

A utilização das ferramentas também se reflete na produção do aluno. É por falta de conhecimento ou destreza com algumas delas que o aluno pode demonstrar menor qualidade no seu desempenho. No entanto, esse aspecto não é determinante para a avaliação do trabalho, pois, como vemos nessa produção multimidiática que acabo de citar, mesmo os alunos não utilizando técnicas avançadas para produzir imagens, a combinação das diferentes mídias acaba surtindo o efeito desejado. E mesmo com as limitações na representação imagética, os alunos conseguem representar, apenas com as imagens, todo o eixo narrativo do poema, como mostra a imagem 03, a qual podemos associar aos últimos versos do poema:

As asas que Deus lhe deu
Ruflaram de par em par...
Sua alma subiu ao céu,
Seu corpo desceu ao mar...

Imagem 3. A alma de Ismália indo para o céu e seu corpo caindo no mar.

Esse trabalho escolar foi divulgado em um site de grande acessibilidade e recebeu elogios, sobretudo, por causa da escolha musical, como podemos ver nos comentários 01 e 02:

> 01. Lindo. A música deixou tudo ainda mais mágico!
> 02. Sempre me emociono quando vejo esse vídeo.

Os professores de língua materna ou estrangeira não são críticos de arte, então o estilo não pode ser julgado, mas se pode avaliar a qualidade do uso e da combinação dessas diferentes linguagens. Esse trabalho de combinação singulariza a produção, conferindo-lhe uma autenticidade e, com isso, autoria.

A autoria é um conceito caro ao ensino, visto que vários pesquisadores, dentre eles Geraldi (2006), Coracini (2011), Grigoleto (1999) e Assolini (2008), atestam a dificuldade do aluno em se colocar como autor em suas produções. Devido ao modo como as estratégias para a produção de texto são conduzidas, e, muitas vezes, dirigidas pelo livro didático, o aluno acaba refugiando-se na posição de mero reprodutor do discurso didático – "o que a professora quer que eu faça" –, e não se coloca como sujeito do seu dizer, da sua significação. O aluno se anula enquanto sujeito, como mostra Geraldi (ibidem), para manter uma estrutura textual programada pelo professor ou mesmo para interpretar da forma que o professor julga ser a correta.

O primeiro passo, em qualquer atividade escrita, é proporcionar ao aluno a condição da autoria. O aluno deve se colocar como autor de sua produção, seja na mídia que for, e ousar na combinação das mídias, na exploração de suas potencialidades, investigar as especificidades de cada uma e compreender como elas funcionam. Essa descoberta faz parte da aprendizagem e deve ser conduzida de modo indireto pelo professor. Assim, mesmo a busca pelo estilo já diz respeito à busca pela autoria, à impressão de uma singularidade.

O que considerar na hora de avaliar?

Professor, não pense que vai encontrar nesse texto uma tabela pronta para aplicar em todas as produções de seus alunos, pois, conforme Orlandi (2008) e Chartier (2009), cada materialidade necessita de um olhar particular, isto é, cada produção realizada em aula necessitará de critérios específicos para ser avaliada. Primeiro, começa-se pela adequação à proposta de escrita que é sempre variável e conta com condições de produção distintas.

De qualquer forma, podemos estabelecer algumas orientações gerais para que o professor possa elaborar seus próprios critérios. Em toda produção multimidiática, deve-se:

1º *Verificar o grau de autoria*: se o texto apresenta uma visão singular, originalidade, isso se dá por meio da seleção das mídias a serem empregadas, pelas suas combinações, arranjos.

É comum os alunos consultarem imagens em *sites* de busca como o *Google*, o que ocasiona uma reprodução das mesmas imagens (aquelas que aparecem nas primeiras páginas da busca). O aluno que faz uma boa seleção das imagens e sabe manejá-las em arranjos originais apresenta habilidades que devem ser valorizadas na avaliação.

2º *Observar se os efeitos de sentido produzidos estão em concordância com as condições de produção do texto*: meio de circulação, público-alvo, modos de acesso (via *hiperlink* ou cliques em um ícone, por exemplo). Esses elementos fazem parte da situação enunciativa e envolvem os parceiros da interação e o contexto. Faz parte da competência comunicativa saber adequar o texto às suas condições de produção.

3º *Verificar a adequação aos objetivos da proposta*: é importante que o professor esclareça bem quais são as habilidades que se deseja desenvolver a partir daquela atividade, para que sua avaliação conclua se o aluno já as desenvolveu ou ainda não.

4º *Observar se o aluno utiliza diferentes linguagens e de que modo faz a combinação entre elas*: a destreza na articulação entre as diferentes formas de produzir sentido é uma característica essencial para a escrita multimidiática. É a competência midiática que está aliada à competência linguística de utilização de diferentes linguagens para a produção de sentidos.

Últimas considerações

É preciso inovar sim, não só no método de ensinar, mas também no modo de avaliar. O professor apegado a estratégias tradicionais vê-se impelido a reformular suas aulas com o uso das novas tecnologias. No entanto, o conhecimento sobre o uso de *softwares* não acompanha novas formas de avaliação.

O professor tem de se colocar na posição de agente do saber e buscar estratégias que lhe possibilitem avaliar as produções de seus alunos de forma a contemplar a especificidade do material produzido.

Se for considerar apenas o verbal na produção do texto, como um professor avaliaria o vídeo aqui citado? Não há linguagem verbal alguma para se constatar o emprego das regras gramaticais. O professor, nesse caso, teria de abrir mão de certos pré-construídos da sua formação para poder avaliar outros aspectos do trabalho, pois, afinal, o vídeo produz sentido e, portanto, é um texto que deve ser avaliado.

Espero que este texto tenha contribuído para o início dessa empreitada, de que o mestre possa lançar suas próprias conclusões, avaliando as características de cada material textual para embutir-lhe os critérios específicos.

Referências bibliográficas

ASSOLINI, Filomena Elaine P. O discurso pedagógico escolar: condições de produção, interpretação e a emergência da autoria. In: TFOUNI, Leda V. *Múltiplas faces da autoria*. Ijuí: Ed. Unijuí, 2008.

BRASIL. *Lei n. 9.394*, de 20 de dezembro de 1996 – Lei de Diretrizes e Bases da Educação Nacional (LDB). Brasília: MEC/SEF, 1996.

BRASIL, Secretaria de Educação. *Parâmetros Curriculares Nacionais*: Ensino Fundamental e Médio. Brasília: MEC/SEF, 1998.

CHARTIER, Roger. *A aventura do livro*: do leitor ao navegador. São Paulo: Ed. Unesp, 2009.

CORACINI, Maria José. Produção textual em sala de aula e a identidade do autor. In: CORACINI, Maria José (Org.). *Interpretação, autoria e legitimação do livro didático*. 2. ed. Campinas, SP: Pontes, 2011. p. 167-175.

FREITAS, Maria Teresa de Assunção. Descobrindo novas formas de leitura e escrita. In: ROJO, Roxane (Org.). *A prática de linguagem em sala de aula*: praticando os PCNs. São Paulo: EDUC; Campinas: Mercado de Letras, 2008.

GERALDI, João Wanderlei. *O texto na sala de aula*. 4. ed. São Paulo: Ática, 2006.

GRIGOLETO, Marisa. Leitura e funcionamento discursivo do livro didático. In: CORACINI, Maria José (Org.). *Interpretação, autoria e legitimação do livro didático*. Campinas, SP: Pontes, 1999. p. 67-77.

ORLANDI, Eni P. *Interpretação*: autoria, leitura e efeitos do trabalho simbólico. Petrópolis: Vozes, 1996.

________. *Discurso e texto*: formulação e circulação dos sentidos. 3. ed. Campinas: Pontes, 2008.

Impresso na gráfica da
Pia Sociedade Filhas de São Paulo
Via Raposo Tavares, km 19,145
05577-300 - São Paulo, SP - Brasil - 2013